KB176216

무조건 팔리는
심리 마케팅 기술 100

단번에 매출을 200% 올리는 설득의 심리학

무조건 팔리는 심리 마케팅 기술 100

"잘 파는 사람은
사람의 심리를 알고 있다!"

사카이 도시오 지음 | 최지현 옮김

📖 동양북스

비즈니스 심리학 인기 강사의
'뭔가' 다른 마케팅 기술

1년에 100회 강연을 하는 인기 강사의
소개글에 숨은 비밀

소개글 A

오늘은 정말 대단한 강사님을 모셨습니다.

바로 비즈니스 심리학 전문가이자 1년에 100회 이상의 강연을 하고 계시는 인기 강사 사카이 도시오 씨입니다. 광고대행사에서 일하다가, 스물여덟 살에 독립해 광고 제작회사를 만들고 광고 제작, 모델 파견, 촬영 총괄, 아이디어 및 캐릭터 상품 판매, 노점상, 인터넷 가정교사 파견

사업, 컴퓨터 교실, 인터넷 쇼핑몰, 컨설팅 등 수많은 사업 분야에서 활동하셨습니다. 유명 잡지 〈프레지던트〉와 후지TV 시사 프로그램 〈특종〉에도 소개되셨던 분으로, 강사님의 책은 세계 최대 인터넷 서점 아마존에서 마케팅 부문 1위를 차지했습니다. 그럼 사카이 강사님, 부탁드립니다.

소개글 B
오늘 강연을 해주실 분은 사카이 도시오 강사님입니다. 자세한 프로필은 앞에 나눠드린 자료에 나와 있으니 읽어보시기 바랍니다. 시간이 얼마 없으니 바로 마이크를 강사님께 넘겨 드리겠습니다. 강사님, 잘 부탁드립니다.

두 소개글 중 어떤 소개글이 더 기억에 남는가? A 소개글을 보면 엄청난 스펙을 가진 강사라는 생각이 들지 않나?

사실 A 소개글은 듣는 사람의 심리를 생각해 내가 작성한 것이다. 어딜 가든 이 원고를 가져가서 진행자에게 그대로 읽어달라고 한다. '첫인상이 가장 기억에 남는다'라는 심리법칙을 이용해 강연 참석자들이 내게 흥미를 갖게 하기 위해서다. 이 소개글이 없으면 보통 진행자는 B 소개글처럼 나를 소개한다.

두 소개글을 비교했을 때 청중의 마음을 사로잡을 수 있는 소개는 전자일 것이다. 상품을 팔 때도 마찬가지다. 먼저 고객의 마음을 사로잡고 흥미와 관심을 끌어야 상품 판매와 고객 상담이 쉬워진다.

사람의 마음을 사로잡는 한 끗, 심리 마케팅

상품이든 서비스든, 무언가를 파는 일에는 한 가지 공통점이 있다. 바로 고객은 사람이라는 점이다. 사람은 마음으로 살지 말지를 정한다. 사야 하는 이유를 생각하는 건 그다음이다.

따라서 사람의 심리를 이해한 후에 판매와 홍보, 마케팅을 하면 업계와 업종을 가리지 않고 최소한의 비용으로 고객을 모으고 매출을 늘릴 수 있나. 내가 작성한 소개글에도 비즈니스에 효과적인 심리기술을 숨겨놓았다.

"정말 대단한 강사님을 모셨습니다."(초두 효과)

사람은 주어진 정보의 첫 번째 부분을 가장 잘 기억한다. 이 성질을 이용하면 강력한 첫인상을 남길 수 있다.

"1년에 100회 이상 강연을 하는 인기 강사"(숫자 효과)

숫자에 흥미를 잘 느끼는 심리를 이용한 것이다.

과자로 예를 들면, '정말 잘 팔리는 인기 과자입니다'보다 '16초에 한 개씩 팔리는 인기 과자입니다'라는 설명이 더 와닿는다.

"강사님의 책은 세계 최대 인터넷 서점 아마존에서 마케팅 부문 1위를 차지했고"(한정 조건하의 사실)

"유명 잡지 〈프레지던트〉와 후지TV 시사 프로그램 〈특종〉에도 소개되었던 인기 강사"(권위 효과)

그리고 생년월일, 혈액형, 출신 학교 등을 소개하는 것(유사성)도 좋은 방법이다. 사람은 자신과 공통점이 있는 사람에게 쉽게 호감을 느낀다.

이처럼 심리기술을 잘 사용하면 짧은 시간 안에 참가자들의 흥미를 끌어내고 신뢰를 주면서 빨리 강연을 시작할 수 있다.

곁에 두고 활용하는 100가지 심리기술

강연 시작 전에는 되도록 빨리 강연 장소에 도착해서 주최자와 명함을 교환하고 악수를 하면서 얼굴을 익힌다. 강연 장소를 안내받을 때도 장소가 좁은 경우에는 "아담한 곳이라 오신 분들과 친밀하게 대화할 수 있겠어요"라고 말하고, 장소가 넓다면 "넓은 곳이니 활기차게 소통할 수 있겠군요"라고 말한다. 역시 심리기술을 활용한 화법이다.

또, 참석자들과 잡담을 나누면서 공통점이나 유사점을 찾고, 강연 시작 직전에는 강단에도 올라가본다. '단순 노출 효과'를 노린 것이다. 잘 활용하면 강사에 대한 호감도가 올라간다. 강연장의 분위기가 굳어 있을 때는 웃는 아기 사진을 화면에 띄워놓고, 강단에 올라갈 때는 객석을 기준으로 왼쪽으로 올라가고, 오른쪽에서 마무리한다. 모두 심리기술을 이용한 것이다.

관심을 가지고 주변을 살펴보면 사람의 심리를 파악해 매출을 올리는 비즈니스의 숨은 고수들이 보인다.

- 비싼 가격의 상품을 추가해 3개의 선택지를 만들어 주력 상품의 매출을 올리는 가게
- 고객이 물건을 구매하기로 결심한 순간 더 비싼 상품이나 다른 상품을 권하는 판매원

- 한마디를 덧붙여 대화를 부드럽게 끌고 가는 직원
- 생선의 크기보다 작은 상자에 생선을 담아 실제보다 더 실한 크기로 보이게 하는 생선가게 사장님
- 시식 상품으로 상품 구매를 유도하는 판매원

모두 사람의 심리를 적용한 판매기술이다.

사람의 심리를 이용한 화법과 홍보 방식은 다양한 업계에서 일하는 사업가, 사업을 시작하려는 창업가에게 도움이 된다. 그리고 판매, 광고, 마케팅 분야에서 일하는 사람과 고객을 응대하고 고객과 소통하는 사람들에게도 효과적일 것이다.

이 책에는 실제 비즈니스 현장에서 바로 써먹을 수 있는 100가지 심리기술을 구체적 사례와 함께 담았다. 책을 옆에 두고 상황에 맞춰 하나씩 써보자. 비즈니스의 원칙은 '100분의 1이 쌓이고 쌓이는 것'이다. 효과는 실제 비즈니스 현장에서 실감하게 될 것이다.

평범한 물건도 좋아 보이게 하는 심리 마케팅 기술

"어떻게 해야 내가 파는 상품이 돋보일까?"

2장

내 물건을 사게 만드는 17가지 카피의 기술

"카피의 목적은 고객의 관심을 끄는 데 있다"

3장

상대에게 호감을 사서 친해지는 심리 마케팅 기술

"호감도를 높이려면 만나는 횟수를 늘려라"

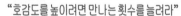

모두를 사로잡는 프레젠테이션 노하우 11가지

"어떻게 해야 프레젠테이션을 '잘' 할 수 있을까?"

5장

마침내, 상대의 마음을 얻고 매출도 올라간다
"까다로운 고객도 내 편이 되게 하는 심리 마케팅 기술"

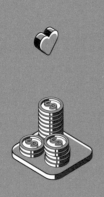

1장

평범한 물건도
좋아 보이게 하는
심리 마케팅 기술

"어떻게 해야 내가 파는 상품이 돋보일까?"

얻는 이득보다
잃게 되는 손해를 강조하라

#판매로 바로 이어지게 하는 기술

'당신은 이미 당첨자일 수도 있다.'

이 문장은 어떤 복권의 카피로, 원래는 '당신도 당첨자가 될 수 있다'라는 문장이었다. 그런데 말을 조금 수정했더니 복권의 판매량이 확 뛰었다. 이유가 뭘까?

사람은 누구나 이익과 즐거움을 구하고 손해와 불쾌함은 피하고 싶어 한다. 하지만 후자가 전자보다 사람을 더 움직이게 만든다. '행복해지고 싶어', '건강해지고 싶어' 이런 생각을 하는 사람은 많지만, 구체적인 행동으로 옮기는 사람은 많지 않다. 반면, '이대로 있다간 불행해질 거야', '병에 걸릴 수도 있어' 같은 두려움은 사람을 당장 행동하게 만들어 손해나 고통을 피하게 한다.

'당신도 당첨자가 될 수 있다'는 이득에 해당되지만, '당신은 이미 당첨자일 수도 있다'는 놓칠 수 있는 기회나 권리, 상실 리스크를 알려주기 때문에 훨씬 더 행동하게 만들기 쉽다. 즉, 표현 하나만 달라져도 사람의 행동을 바꿀 수 있다.

상대방에게 영향을 주고 싶다면, 상품이 주는 이득보다는 해당 상품이 없을 때의 단점, 즉 '잃게 되는 것'을 어필해야 훨씬 더 효과적이다.

예를 들면, '이 시스템을 도입하면 매달 100만 원을 아끼게 됩니다'보다 '이 시스템을 쓰지 않을 경우, 귀사는 매달 평균 100만 원을 잃게 될 것입니다'라는 표현이 더 큰 마케팅 효과를 가져다준다. 아니면, 손해와 이득을 모두 말해도 좋다.

 P/O/I/N/T

심리기술
미래의 불확실한 이득보다 현재의 확실한 손해가 더 강한 동기 부여가 된다.

꼭 기억하기
협상 및 프레젠테이션하는 자리에서 이점만 설명하지 말고, '이것을 놓치면 좋은 기회를 잃게 된다'는 점을 강조해 구매 욕구를 자극하라.

제품을 더욱
돋보이게 하는 '이것'

사은품으로 사게 만드는 법

TV 홈쇼핑에서 상품을 구매할 때 가격을 할인해주거나 추가 구성품을 주는 경우를 봤을 것이다. 사은품과 서비스를 제공하는 이유는 무엇일까? 소비자가 그 상품을 사게 하기 위해서다. 상품 만으로도 매력적인데 사은품까지 주면 왠지 더 매력적으로 보이기 때문에 효과적인 판매기술 중 하나다.

예를 들면, 노트북을 구매하는 사람에게 복합 프린터기와 USB 를 사은품으로 주는 것이다. 컴퓨터 학습 책도 서비스로 주고, 무이자 할부도 제공하는 등 방송을 볼 때마다 솔깃한 혜택이 따라온다면?

"부탁이 있는데요. 만약 들어주신다면 덤으로 물티슈와 세탁 세제를 드리겠습니다."

"오늘 보여드릴 상품은 바로 노트북입니다! 노트북을 구매하신 모든 분들에게 복합 프린터기를 드립니다. 이게 다가 아닙니다. 컴퓨터 학습 책도 함께 드려요!"

어떻게 팔지 고민이라면 이렇게 해보자. 사람의 심리를 생각했을 때, 예시처럼 무엇인가를 부탁한 다음 또는 상품을 소개한 다음에 사은품을 말하는 것이 효과적이다.

이것을 '이게 다가 아닙니다That's not all' 심리 이론이라고 한다.

사은품을 계속해서 꺼내고 또 꺼내면 그 상품 또는 서비스를 매력적으로 보이게 할 수 있다.

상품의 특징을 말로 설명하기 어렵거나 서비스 상품이라 직접 써보지 않는 한 효과를 알리기 어려울 때, 또는 다른 상품과 차별화가 어려운 경우 사은품을 주면 그 상품 또는 서비스의 매력이 한층 올라간다.

다른 곳에서도 다루고 있는 상품이라 우리 회사만의 뛰어난 특징이 없어 골머리를 앓고 있는 회사나 가게에서는 상품과 함께 제공할 만한 사은품이 없을지 고민해보는 것이 좋다. 차별화가 어려운 상품을 판매하고 있다면 다른 혜택이나 서비스를 붙일 수는 없을지 생각해보자.

단, 사은품의 질이 너무 떨어지거나 변변치 않은 물건이라면 오히려 상품의 이미지에 영향을 미치는 '연합원리' 때문에 제품의 매력까지 떨어트리니 주의해야 한다.

 P/O/I/N/T

심리기술
부탁 또는 상품 소개 후 사은품이나 혜택을 서비스로 제공하면 설득 효과가 올라간다.

꼭 기억하기
차별화가 어려운 상품을 판매하는 경우, 매력적인 혜택이나 서비스를 제공해보자.

심리를 알면
고객의 관심을 구매로 바꿀 수 있다

무료로 관심 끄는 법

 사람은 무료에는 바로 움직이면서 왜 유료에는 멈칫할까? 가격이 붙으면 '과연 그만큼의 가치가 있을까?'라고 생각하는 심리가 작용하기 때문이다.

 유료의 경우, '행동(구매)'을 하기 전에 '생각과 선택'이라는 단계가 필요하다. 하지만 무료라면 깊이 생각하지 않고 '일단 한번 써볼까?' 하는 사람이 많아진다. 그런 점에서 '무료 증정', '무료 샘플' 등 무료 마케팅은 폭넓은 잠재고객을 모을 수 있는 유효 수단이 될 수 있다.

 유료는 '실구매 고객'을 찾기 위해, 무료는 '폭넓은 잠재고객'을 찾기 위해 이용하면 좋다. 다음 예시처럼 어느 업종이든지 무료와 유료를 한 세트로 묶어서 차별화를 시도해볼 수 있다.

메이크업 강습은 무료 → 화장품은 유료

기획/제작비는 무료 → 인쇄비는 유료

홈페이지 제작은 무료 → 서버 이용료는 유료

핸드폰 기기는 무료 → 통신비는 유료

레슨은 무료 → 의상과 도구는 유료

경영 세미나는 무료 → 매달 고문 비용은 유료

입장료는 무료 → 놀이기구 사용은 유료

물론 '무료 → 유료 전략'으로 고객을 모으는 방법이 번거롭게 느껴질 수도 있을 것이다. 하지만 이 방법은 판매나 영업을 어려워하는 사람에게 매우 효과적이다.

 P/O/I/N/T

심리기술
무료 상품은 '생각과 선택'이라는 단계가 필요 없으므로, 일단 한번 써보려는 사람이 많이 생긴다.

꼭 기억하기
무료 전략으로 폭넓은 잠재고객을 모은 후, 유료로 판매를 유도할 수 있는 무료 + 유료 세트 구성을 생각하자.

어려운 부탁도
거절하지 못하게 하는 '한 발'

'풋 인 더 도어' 전략

'풋 인 더 도어Foot in the door'는 말 그대로 '문 안쪽에 한 발 들여놓는 것'을 뜻한다. 방문 판매원이 초인종을 눌렀을 때 주인이 문을 열면 열린 문 사이로 한 발을 집어넣는 상황을 떠올리면 된다.

방문 판매원의 가장 기초적인 영업 수법 중 하나가 바로 '풋 인 더 도어'다. 처음부터 어려운 부탁을 꺼내면 거절당할 확률이 높으니 사소한 부탁 → 적당한 부탁 → 어려운 부탁의 순서로 한다는 일종의 심리기술이다. 최종 목적은 상대방이 어려운 부탁을 들어주게 만드는 것이다.

신문 사이에 끼어 있는 피부 관리숍 전단지에 초대 쿠폰이 붙어 있는 것을 본 적이 있다. 정가 12만 원짜리 제모 관리를 2만 원에 받을 수 있는 쿠폰이었다. 이것이 바로 풋 인 더 도어의 '한 발'이다. 쿠폰을 가지고 매장을 찾는 사람 중에는 전신 제모 또는 체형 관리를 등록하는 사람이 있을 것이다(적당한 부탁 → 어려운 부탁).

가게 앞 매대에 할인이나 특가상품, 저렴한 소품을 놓는 것도 풋 인 더 도어의 '한 발'이다. 할인이나 특가상품, 저렴한 소품으로 지나가던 사람들을 가게 안쪽의 가격대가 나가는 상품 앞까지 오게 만드는 것이다. 게임센터 입구에 500원짜리 게임기를 놓거나 처음에는 무료로 시작할 수 있는 스마트폰 게임도 '한 발'이다. 컨설턴트가 저렴한 참가비를 받고 공개 강연을 하는 것도 나중에 계약을 따내기 위한 풋 인 더 도어의 '한 발'이라고 할 수 있다.

 P/O/I/N/T

심리기술
먼저 사소한 부탁을 해서 들어주게 만든 다음, 그 후에 어려운 부탁을 하면 상대는 거절하기 어렵다.

꼭 기억하기
사소한 부탁에 해당하는 상품 또는 서비스를 준비하고, 단계적으로 추천할 수 있는 구조를 만들자.

비싼 제품의 매출을 올리고 싶다면
선택지는 3개로 만들어라

비싼 것을 고르게 하는 기술

점심시간에 이탈리안 레스토랑에 갔는데 메뉴가 2종류뿐이라면 어떤 메뉴가 더 잘 팔릴까?

① 오늘의 파스타 + 샐러드 + 커피 = 8,000원

② 오늘의 파스타 + 샐러드 + 커피 + 디저트 = 1만 원

이처럼 선택지가 2개인 경우에는 8,000원짜리 세트를 주문하는 사람이 더 많을 것이다. 상대적으로 더 싸게 느껴지기 때문이다.

1만 원짜리 세트의 주문을 늘리고 싶다면 어떻게 하면 좋을까?

다음과 같이 선택지를 하나 더 늘리면 된다.

① 오늘의 파스타 + 샐러드 + 커피 = 8,000원
② 오늘의 파스타 + 샐러드 + 커피 + 디저트 = 1만 원
③ 오늘의 파스타 + 미니 피자 + 샐러드 + 커피 + 디저트 = 15,000원

선택지가 3개라면 1만 원짜리 세트를 선택하는 사람이 많아진다. 상대적으로 1만 원짜리 세트도 싸게 느껴지기 때문이다.

사람은 기준 가격에서 20% 이상 차이가 나면 비싸거나 싸다고 인식한다. 주력 상품이 1만 원짜리 세트라면, 이보다 낮은 가격대의 세트는 20% 이내로 설정해서 다른 세트가 딱히 더 싸다고 느끼게 하지 않는 것도 효과적인 방법이다. 이런 심리를 알면 가격을 정할 때 참고가 될 수 있다.

 P/O/I/N/T

심리기술
선택지가 2개일 때는 비교가 쉬워 더 싼 메뉴를 고르기 쉽지만, 선택지가 3개일 경우 사람은 보통 가운데를 선택한다.

꼭 기억하기
2종류의 가격대가 있는 상품 혹은 서비스의 경우, 비싼 메뉴의 매출을 올리고 싶다면 더 높은 가격대의 상품을 추가해 선택지를 3개로 만들자.

한 번 내 것이 되면
애착이 생긴다

미리 써보게 해서 판매하는 방법

TV 프로그램에 근처의 대형 할인 매장보다 독보적으로 많은 TV 판매량을 자랑하는 작은 가전제품 매장이 소개된 적이 있다. 비결이 뭘까? 원하는 가정에 일정 기간 무료로 TV를 대여해준 것이다. 그러자 해당 가정들은 높은 확률로 TV를 구매했다.

사람은 내가 소유한 물건에 높은 가치를 기대하기 마련이다. 이것을 '보유 효과'라고 한다. '사람은 한 번 소유하고, 입고, 사용하면 그 물건에 애착이 생겨서 가치를 느낀다'라는 심리가 무의식 중에 작용하기 때문에 효율적인 판매 방법이다. 이 매장 역시 보유 효과를 이용했다.

광고 수법에 관한 클로드 홉킨스Claude Hopkins의 책 《과학적 광고》에도 '보유 효과'에 관한 이야기가 나온다.

"전동 재봉틀을 어떻게 홍보해야 할지 고민하던 기업이 있었다. 그들은 누군가의 현명한 조언에 따라 홍보를 중단한 대신, 가장 가까운 판매점에서 희망하는 고객의 집으로 재봉틀을 보내주고 일주일 동안 무료로 사용하게 했다. 재봉틀을 받은 가정에는 직원을 파견해 조작 방법을 설명해주었다. (중략) 결과적으로 총 10가구 중에서 9가구가 재봉틀을 구매했다."

100년 전이나 지금이나 한 번 내 것이 되면 그 상품에 가치를 부여하고 애착을 갖게 되는 사람의 심리는 달라지지 않았다. 보유 효과는 인간 심리의 원칙인 셈이다.

미리 써보는 것에 따른 '보유 효과'는 모든 사람에게 통하지 않을 수도 있지만, 어느 정도 효과는 기대할 수 있다.

 P/O/I/N/T

심리기술
사람은 소유한 물건에 높은 가치를 부여하고 애착을 갖는다.

꼭 기억하기
고객에게 '미리 써보게 하는 것'에 집중해서 영업해보자.

가격은 단가로
표시할수록 좋다

비싼 제품을 싸다고 느끼게 하는 기술

마트에 갔을 때 닭고기 옆에 붙어 있는 '100g당 800원'이라는 POP 광고를 보면 '와, 싸다!' 싶은 마음이 든다. 결국 300g을 담게 되는데, 그러면 총금액은 2,400원이 된다. 즉, 총액이 비싸도 단위나 기간으로 끊으면 싸다고 느끼게 할 수 있다.

이것만으로는 감이 잘 안 온다면 다음 이야기를 보자. 예전에 운전 중에 들었던 라디오 광고다.

"매장에서 80만 원대에 팔리고 있는 유명한 최신형 청소기를 지금 구매하시면 20만 원 할인된 금액인 60만 원에 가져가실 수 있습니다!

게다가 33개월 무이자 할부도 해드리니 한 달에 단돈 18,000원으로 최신형 청소기를 구매할 기회입니다. 구매를 원하시는 분은 010-○○○○-○○○○번으로 전화해주세요."

한 달에 18,000원? 총액을 생각하면 정말 싼 금액이라고 느껴질 것이다. 이처럼 가격은 단위에 따라 느낌이 변한다. 만약 취급하는 상품이나 서비스가 비싼 편이라면 단위당 금액을 표시하거나 저렴하게 느껴지는 단위로 설명하면 싸다고 느끼게 할 수 있다.

이 방법은 좀 더 큰 금액대의 상품에도 적용할 수 있다. 또 다른 예시를 보자.

"만약 집안의 가장인 아버지가 쓰러진다면 남은 가족들은 어떻게 될까요? 하루에 3,500원. 딱 커피 한 잔 값입니다. 하루 한 잔, 커피 마실 돈으로 우리 가속은 안심하고 살 수 있습니다."

이것을 생명보험 납입액이라고 생각해보면 총액이 약 4천만 원에 가까운 상품이다. 이것을 "30년 동안 납입하면 약 4천만 원이 됩니다. 이 금액으로 가족들이 안심하고 살 수 있습니다"라고 설명하면 결단을 내리는 데 상당한 용기가 필요할 것이다. 하지만 하루에 3,500원이라고 하면 심리적 저항선이 훅 내려간다.

이 심리를 적용해 다음과 같이 말할 수 있을 것이다.

'아들과 손자 대까지 쓸 수 있습니다. 100년은 거뜬한 상품이죠.'
'앞으로 10년은 입을 수 있다고 생각해보세요. 정말로 저렴한 가격 아닌
가요?'
'인생 100세 시대, 평생에 단 한 번 기억에 남을 추억이라고 생각하면
정말 싼 가격입니다.'

 P/O/I/N/T

심리기술
사람은 비싼 상품이라도 최소 단위로 표시하면 싸다는 느낌을 받는다.

꼭 기억하기
상품 및 서비스 가격을 하루, g 또는 단위당 금액으로 설명해보자.

비싸면 질도 좋다고
생각하는 사람은 반드시 있다

고가의 상품을 파는 법

고향에 있는 이탈리안 식당에서 기간 한정으로 스페셜 런치를 25,000원에 내놨다. 어떤 일이 일어났을까? 그 메뉴를 주문하는 사람은 없을 줄 알았다. 그런데 50대 여성 4명이 들어와 뭘 먹을지 의논하더니 그중 한 명이 25,000원짜리 스페셜 런치를 주문하는 게 아닌가! 그러자 나머지 세 명도 같은 메뉴를 주문했다. 이때 나는 다음과 같은 마케팅 철칙이 떠올랐다.

'반드시 비싼 메뉴를 준비할 것. 비싸도 구매하는 사람은 일정 비율로 나타난다.'

여기에는 '휴리스틱^{Heuristics}' 이론이 작용했다. 사람은 무언가를 판단할 때 자신의 직관에 기대 결론을 얻으려는 성질이 있다. 이처럼 단순하게 판단하려는 것이 휴리스틱 이론이다.

어떤 시장이든 비싼 가격대의 상품을 구매하는 사람은 반드시 있다. 그 사람이 전체적인 객단가(고객 1인당 평균 매입액)를 끌어올린다. 한 명이 높은 가격의 메뉴를 주문하면 '동조 효과'가 일어나 따라서 주문하는 사람이 나타난다. 이것도 객단가를 높이는 요소다.

나도 비슷한 경험을 한 적이 있다. 판매 비법을 담은 DVD를 인터넷에서 판매한 적이 있는데, 단품 말고도 높은 가격대의 세트 상품을 준비했더니 일정 비율 판매가 됐다.

단, 이때 단가를 올릴 만한 가치가 있는지 생각해봐야 한다. 고객은 그 정도 가치가 있다고 생각하는 경우에 돈을 쓴다. 단순히 비싼 단가의 상품들로만 구성하면 오히려 비싸다는 느낌만 주고 고객은 떠나는 결과를 만들지도 모른다.

 P/O/I/N/T

심리기술
비싸니까 질도 좋으리라 생각하는 사람은 어느 시장이든 반드시 있다.

꼭 기억하기
일반적인 가격대의 상품 말고도 한 단계 높은 가격대의 상품을 메뉴에 넣어보자.

고객의 지갑이
열리는 순간을 잡아라

객단가를 올리는 방법

구매를 결정한 손님의 객단가를 올릴 수 있는 가장 효과적인 순간은 고객이 물건을 구매하려는 바로 그 순간이다.

고속열차에 탔을 때 이야기다.

커피가 마시고 싶어서 다과와 음료를 판매하는 판매원에게 "따뜻한 커피 한 잔 주세요"라고 하자, 판매원은 두 개의 컵을 보여주면서 이렇게 말했다.

"(살짝 미소 지으며) 감사합니다! 따뜻한 커피 말씀이시죠? 양이 훨씬 많은 큰 컵이 있고, 작은 컵이 있는데 어떤 걸로 드릴까요?"

나는 컵을 번갈아 보다가 큰 컵을 주문했다. 양이 '훨씬' 많다는 말에 이끌렸기 때문이다. 여기에 객단가를 올리는 방법이 숨어 있다. 고객이 사려고 하는 것보다 상위 상품(큰 컵)을 권하는 영업 기술로, '업셀Upsell'이라고 한다.

판매원이 "뜨거운 커피 조심하세요"라는 친절한 말과 함께 테이블 위에 커피를 올려놓았다. 내가 돈을 내려고 하니 판매원은 절묘한 타이밍에 디저트를 권했다.

"방금 나온 맛있는 케이크가 있는데, 같이 드시면 어떨까요?"

나는 이미 앞에서 좋은 인상을 받아서 케이크도 샀다. 이것은 이미 물건을 구매한 고객에게 더 많은 상품을 권하는 '크로스셀Cross-sell'이다. 역시 객단가를 올리는 방법이다.

사람은 살 물건을 결정할 때까지는 지갑을 손에 꼭 쥐고 있는 법이다. 그 순간을 놓치지 말자.

 P/O/I/N/T

꼭 기억하기
고객이 구매를 결정하는 순간 크로스셀, 업셀을 제안할 수 있도록 다음 상품 혹은 서비스를 미리 준비해놓자.

내가 의도한 결과로
이끄는 기술

#상대적 비교법 ①

사람은 '절대적인 비교'가 아니라 '상대적인 비교'에 움직인다.

다음 그림을 통해 이것을 살펴보자. 여기 두 개의 동그라미가

있다.

그림의 가운데 동그라미는 둘 다 크기가 같지만, 오른쪽 동그

라미가 더 크게 보인다. 착시 현상 때문이다. 가운데 동그라미의

'절대적'인 크기는 같지만, 주위의 동그라미 때문에 '상대적'인 크

기는 다르게 보이는 셈이다. 이 그림으로 사람은 '절대적인 판단'

이 아니라 '상대적인 판단'을 하기가 쉽다는 것을 알 수 있다.

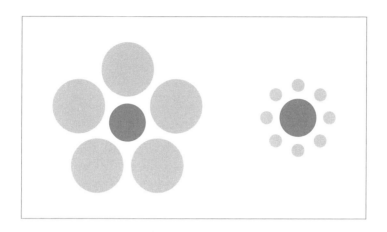

다음 예시를 보자. 당신이라면 둘 중 어느 쪽을 사겠는가?

① 월 천만 원 매출 상승 비결이 담긴 책 (35,000원)

② 월 천만 원 매출 상승 비결이 담긴 DVD (20만 원)

②보다 ①을 선택하는 사람이 많을 것이다. 그렇다면 다음과
같이 선택지를 추가하면 어떻게 될까?

① 월 천만 원 매출 상승 비결이 담긴 책 (35,000원)

② 월 천만 원 매출 상승 비결이 담긴 DVD (20만 원)

③ 월 천만 원 매출 상승 비결이 담긴 책 & DVD 세트 (20만 원)

이 경우에는 ③을 선택하는 사람이 늘어난다. 사람은 상대적인 비교를 통해 선택하려는 경향이 있기 때문이다.

고객은 아직 구매하지 않은 책과 DVD에 얼마나 절대적인 가치가 있는지 모른다. 따라서 선택지가 2개(①과 ②)만 있을 때는 상대적으로 저렴한 ①번을 선택하는 사람이 많다. 하지만 새로운 선택지가 등장하면 ②와 ③을 상대적으로 비교할 수 있어 ③번을 선택할 확률이 높아진다.

②번과 똑같은 가격에 책과 DVD를 모두 손에 넣을 수 있기 때문이다. 상대적 비교가 가능한 선택지를 하나만 늘려도 객단가는 쉽게 올라간다.

이것을 실제 비즈니스에는 어떻게 응용하면 좋을까?

고객에게 기획서 또는 견적서를 제안할 때를 생각해보자. 두 가지 선택지만 제안할 경우에는 A안보다 높은 금액으로 B안을 준비하고, 비싼 견적을 통과시키고 싶은 경우에는 C안을 준비해서 비싼 견적끼리 비교하기 쉬운 서비스나 혜택을 제공하면 효과적일 것이다.

 P/O/I/N/T

꼭 기억하기
고객에게 기획서, 견적서, 메뉴 등을 제안할 때는 크기와 이익, 상대적으로 저렴한 가격을 쉽게 비교할 수 있는 대안을 준비하자.

평범한 것을
좋아 보이게 하려면?

상대적 비교법 ②

상대적 비교를 비즈니스에 활용한 예는 우리 일상에서 쉽게 발견할 수 있다.

다음 그림은 내가 가는 생선가게에서 생선을 파는 방식이다. 마트 신선식품 매대에서 판매하는 생선은 보통 스티로폼 상자에 쏙 들어가는 크기지만 내가 아는 생선가게에서는 생선보다 스티로폼 상자가 작다. 생선이 상자보다 커서 실제 크기보다 실하게 보이는 효과를 노린 것이다.

어느 주얼리 매장 쇼윈도에 천만 원짜리 목걸이가 디스플레이되어 있다고 하자. 가게 앞을 지나가면 그 목걸이가 반드시 눈에

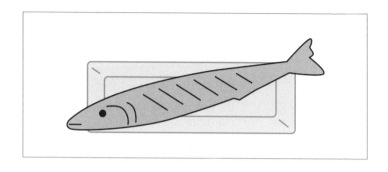

들어온다. 이 매장에 결혼반지를 사러 온 젊은 커플이 이 목걸이의 가격을 봤다면, 무의식중에 '비싸다'라고 생각할 것이다. 그렇지만 목걸이를 본 직후 매장에서 다른 결혼반지의 가격을 보면 상대적으로 싸다고 느낄 것이다. 가격대가 높은 상품을 먼저 봤기 때문에, 그 외의 물건은 상대적으로 싸게 느껴지는 것이다.

예전에 TV 프로그램에서 천만 원짜리 빗자루를 본 적이 있다. 난부호우키南部箒라는 이와테현의 공예품이었다. '저렇게 비싼 빗자루를 사는 사람이 있긴 할까?'라는 생각에 놀랐는데, 사실 그 빗자루는 TV에 나오기 전까지 한 개도 팔리지 않았고 그 빗자루를 제외한 다른 상품들은 잘 팔린다고 한다. 가장 잘 팔리는 가격대는 30만 원대로, 30만 원짜리 빗자루도 상당히 비싼 가격이지만 천만 원짜리 빗자루를 본 직후라면 상대적으로 싸다는 느낌을 받는 것이다.

사람은 모든 것을 비교하고 판단한다. 이 심리는 적용할 수 있는 곳이 많다.

예를 들어, 나는 이것을 일상생활에도 응용한다. 감사 인사를 담은 엽서를 보낼 경우, 여백을 일부러 조금만 남긴다. 칸에서 벗어나게 글씨를 쓰면 글자 수가 적어도 내용이 많아 보이고 박력까지 느껴지기 때문이다.

 P/O/I/N/T

심리기술
큰 것을 보고 나서 보통 크기의 물건을 보면 상대적으로 작게 보이고, 작은 것을 보고 난 후 보통 크기의 물건을 보면 커 보이는 법이다.

꼭 기억하기
상대적 비교심리를 응용해 팔고 싶은 상품의 가격보다 높은 가격대와 낮은 가격대의 상품을 놓고 구매를 유도하자.

영업할 때
전제를 말하면 유리해진다

사람들에게 풍경 사진을 몇 초 동안 보여준 후, "방금 본 사진에서 새가 몇 마리 날고 있었나요?"라는 질문을 던지면 사람들은 조금 생각한 후에 "2마리? 3마리였나?"라고 대답한다. 실제로 풍경 사진에 새가 없어도 말이다. "새가 몇 마리 날고 있었나요?"라는 질문은 사진에 새가 있다는 것이 '전제'이기 때문이다.

전제가 판단의 기준에 영향을 미친 또 다른 예가 있다.

재해가 일어나면 지역 자치단체 또는 회사에서 성금을 걷을 때가 있는데, 그때마다 얼마를 내면 좋을지 고민이 된다. 성금을 걷는 사람에게 얼마가 좋을지 물어봤을 때, "대부분 5,000원 정도

하세요"라고 대답하면 5,000원을 내는 사람이 많다고 한다. '대부분 5,000원 정도'라는 말을 들으면 그 금액이 전제가 돼서 얼마를 낼 것인지 생각하게 된다.

이처럼 사람은 전제를 들으면 그 전제를 기준으로 생각한다. 또는 그 전제를 당연하게 여기는 경향이 있다.

이런 심리를 이해하는 영업사원은 이야기를 시작할 때 이렇게 말할 것이다.

"다른 분들도 모두 도와주신다고 하셨거든요."
"고객님도 아시잖아요."
"계란이 대사증후군 예방에 좋다고 알려져 있잖아요."
"초보자 분들은 대부분 이 코스부터 시작하세요."

사람의 심리를 잘 아는 사람은 이 심리를 자사의 영업이나 홍보에 응용한다(이것도 전제다).

 P/O/I/N/T

꼭 기억하기
상품 및 서비스를 설명할 때 "다른 분들은 모두 이해해주셨는데요", "대부분 이쪽을 선택하셨어요"라는 전제를 말해보자.

큰 차이를 이끄는
사소한 한마디

'라벨링'의 효과

'라벨링'이라는 심리학 이론이 있다. 예를 들어, "꼼꼼한 사람"이라는 말을 들으면 자신을 꼼꼼한 사람이라고 느끼지만, "사소한 일에 목숨 거는 사람"이라는 말을 들으면 자신을 예민한 사람으로 느낀다는 것이다. 누군가에게 특정 꼬리표를 붙이면 그 사람은 자신에게 붙은 꼬리표대로 행동하게 된다는 이론이다. 비즈니스에 이 이론을 응용하면 상대에게 라벨을 붙여 원활한 협상으로 이끌 수 있다.

"귀사처럼 비용 절감을 진지하게 실천하는 회사는 처음입니다."

이렇게 말하면 상대는 무의식중에 '우리 회사는 비용 절감에 진심인 회사로 보이는구나, 그에 걸맞은 모습을 보여야겠어'라는 마음이 생긴다. 그 후에 비용 절감에 관해 제안하면 효과적인 협상을 할 수 있다.

부하나 직원에게도 "네 기획은 늘 새로워서 좋아. 이번에도 기대할게"라고 말하면서 라벨을 붙여보자. 그러면 그에 걸맞은 행동을 보여줄 확률이 높다.

나도 강연 전에 분위기가 조용하다고 느끼면 첫마디를 다음과 같이 시작한다.

"활기차고 밝은 기타큐슈시 여러분, 안녕하세요!"

그러면 신기하게도 활기찬 대답이 돌아온다. 가게 점원이 "손님은 눈이 참 높으시네요"라고 하면, 그 상품을 선택한 나에게 자신감이 생기는 것도 라벨링 효과다.

 P/O/I/N/T

심리기술
사람은 특정 '라벨'이 붙으면, 그 라벨에 걸맞은 행동을 하려고 한다.

꼭 기억하기
영업할 때나 고객을 대할 때는 상대방에게 바라는 모습을 "당신은 ㅇㅇ한 분이군요"라는 말로 라벨을 붙여보자.

고객이 내 의지로
결정했다고 믿게 하라

움직이지 않는 상대를 움직이는 기술

사람은 타인의 의지가 아니라 자신의 의지로 움직이려고 하기 때문에 상품 또는 서비스를 내 의지로 결정했다고 생각하게 해야 한다. 보험을 계약할 때 마지막에 서명을 하라고 하는 것도 자신의 의지로 보험을 계약했다고 인식시키는 것이다.

인터넷 사이트나 세미나에서 이런 심리를 잘 사용한 예를 종종 볼 수 있다. 다음 문장을 보자.

'진심으로 살을 빼고 싶다고 생각한다면, 아래 항목을 체크한 후 다음 페이지로 넘겨주세요.'

이것은 '살을 빼고 싶어서 다음 페이지로 넘어가는 것'이 자신의 의지임을 인식시키기 위한 장치다.

'제일 먼저 첫 번째 페이지에 오늘 세미나에 참석한 당신의 목표를 적어주세요. 그리고 그 아래에 서명해주세요.'

어떤 세미나에서는 시작하자마자 강사가 이렇게 말하는 경우도 있었다. '이 세미나에 참석해 내가 정한 목표를 반드시 이루겠다'라는 것이 자신의 의지임을 인식시킨 것이다. 이것을 '동결 효과'라고 한다. 자, 그럼 당신의 비즈니스에서 고객이 자신의 의지로 결정했다고 느끼게 하려면 어떻게 해야 할까?

 P/O/I/N/T

심리기술
사람은 자신의 의지로 결정한 일에는 적극적으로 행동한다.

꼭 기억하기
협상 또는 상담을 할 때, 구매 동기에 대한 선택지를 준비해 대답을 유도하고 마지막에 서명을 받아서 고객이 자신의 의지로 결정한 것이라고 인식시키자.

'자유'라는 말에는
힘이 있다

A   버스를 타려고 하는데, 잔돈 좀 빌려주시면 안 될까요?

B   버스를 타려고 하는데, 잔돈 좀 빌려주시면 안 될까요? 아, 물론 빌려주시는 건 자유예요.

길거리에서 모르는 사람에게 다짜고짜 돈을 빌려달라고 할 때, A와 B 중 더 효과가 좋은 말은 무엇일까? A의 경우, 이 말을 들은 사람 중 약 10%만이 잔돈을 빌려주었다. 그런데 A에 '빌려주시는 건 자유예요'라는 한마디를 덧붙였더니 잔돈을 빌려준 사람이 47%로 뛰었으며, 금액도 높아졌다.

'자유'라는 말이 가진 힘에 관한 이 실험으로 사람은 강요받으면 거부감이 생기지만, 자기 의지로 결정하는 일에는 적극적으로 관여하려고 한다는 것을 알 수 있다. '빌려주시는 건 자유'라는 말을 듣고 결정한 행동은 '내 의지로 결정한 것'이기 때문이다. 또한, '자유'라는 말은 영업할 때도 쓸 수 있다.

"저희는 이 제품을 추천합니다. 물론 상품을 잘 보시고 뭐가 좋을지 자유롭게 선택하세요."
"상품을 3종류 드릴 수 있습니다. 저희는 C를 추천하지만, 물론 고객님께서 자유롭게 선택하실 수 있습니다."
"이번 달에는 꼭 신규 계약을 따고 싶어. A사와 B사 중에 어디부터 영업하러 갈까? 물론 자네가 자유롭게 판단해."

나도 회의할 때 "물론 선택은 귀사의 자유로운 판단에 맡깁니다"라고 자주 말한다. 물론 이 기술을 시도해볼지 아닐지를 결정하는 것도 당신의 자유다.

 P/O/I/N/T

꼭 기억하기
영업 또는 홍보할 때 '자유'라는 표현을 사용해 상대의 적극적인 관여를 끌어내자.

말을 끝내지 않으면
기억에 남는다

고객의 흥미를 끄는 '미완성 효과'

고객의 관심을 끌기 위한 의외로 간단한 방법이 있다. '끝내지 않으면' 된다.

'소중한 당신에게만 드리는 특별한 정보'로 시작하는 다이렉트 메일, 웹사이트 광고 등의 마지막에 나오는 다음 같은 문구를 본 적이 있을 것이다.

'더 자세한 정보는 이 사이트로 → http://www.***.com'
'더 자세한 정보를 알고 싶으신 분은 전화로 문의해주세요.'

이것은 '미완성 효과'를 응용한 것이다. 또는 '자이가르닉 효과'라고도 부른다. '미완성 효과'란 완결 지은 일은 금방 잊어버리지만, 완결 짓지 못한 일은 신경이 쓰여 잊을 수가 없는 현상이다. 리투아니아 심리학자가 이름 붙였다.

그는 실험 참가자들에게 과제를 주고 한쪽은 과제를 끝내도록 하고 한쪽은 과제를 중단하게 한 후, 각각 과제 내용을 묻는 실험을 했다. 뜻밖에 둘 중 '과제를 중간에 그만둔 그룹'이 더 많은 내용을 기억했다.

이것으로 '사람은 완결 지은 것보다 완결 짓지 못한 것을 더 잘 기억한다는 사실'을 입증했다.

쉽게 말하면, 모든 것을 끝내거나 마지막 이야기까지 공개하는 것보다 '뒷이야기는 훗날 공개됩니다', '시즌 2로 이어집니다', '생각지도 못한 반전이 다음 화에 공개됩니다'처럼 마무리하지 않은 상태로 정보를 두면 훨씬 더 관심을 끌 수 있다는 것이다.

다이렉트 메일 등에서 일부러 말을 끝내지 않는 이유다. 미완결 상태의 정보가 궁금한 사람은 사이트에 접속할 확률이 높기 때문이다. 나도 이 이론을 적용해 강연할 때 이렇게 말하곤 한다.

"이 기술을 이용하면 상대의 진심을 알 수 있습니다. 어떤 기술인지는 조금 뒤에 설명하겠습니다."

그러면 청중은 '완결되지 않은 이야기'가 궁금해서 마지막까지 집중해서 이야기를 듣는다.

고객에게 상품 또는 서비스를 설명할 때도 "이번 서비스에는 깜짝 놀랄 혜택이 있습니다. 다른 고객님들께도 아주 인기가 좋았는데요. 나중에 설명해드리기로 하고, 일단 여길 보시죠"라고 이야기해보자. 상대의 호기심을 지속시킬 수 있다.

 P/O/I/N/T

심리기술
사람은 완결되지 않은 문제를 잊지 못하는 경향이 있다.

꼭 기억하기
완결되지 않은 정보를 제공해 기대감을 주고, 고객의 흥미를 끌자.

설득력이 부족하면
권위를 더하라

상품 또는 서비스에 무게를 더하는 방법

고개 숙이지 마십시오. 세상을 똑바로, 정면으로 바라보십시오.

vs

고개 숙이지 마십시오. 세상을 똑바로, 정면으로 바라보십시오.

-헬렌 켈러

용기가 생기는 좋은 말이다. 그런데, 두 문장의 차이를 눈치챘는지? 같은 문장이지만 '헬렌 켈러'라는 글자 하나가 추가됐을 뿐인데 느낌이 크게 달라진다. 이처럼 사람이나 사물이 가진 권위의 힘을 빌리는 것을 '권위 효과'라고 한다. 상품 또는 서비스에 권위를 더하면 훨씬 영향력이나 설득력이 생긴다. 그래서 나는 강연 중에 청중을 보고 자주 이렇게 말한다.

"소재小才는 인연을 만나도 깨닫지 못하고, 중재中才는 인연을 만나도 살리지 못하고, 대재大才는 옷깃만 스쳤던 인연도 살린다.' 이것은 야규 가문(도쿠가와 이에야스 가문의 병법 지도를 맡았던 가문)의 가훈입니다. 지금 여기서 옆자리에 앉은 것도 어쩌면 인연일지도 모릅니다. 그러면 옆 사람과 자기소개 시간을 가져볼까요?"

내가 의도한 것은 '옆 사람과 자기소개하기'다. 무턱대고 "옆 사람과 자기소개해주세요"라고 말하면 쑥스러워서 하지 않으려는 사람이 있다. 하지만 "야규 가문의 가훈"이라고 말하는 순간, 권위 효과 덕분에 설득력이 생긴다.

효과적으로 메시지를 전달하고 싶을 때는 말을 뒷받침해줄 영향력 있는 사람을 넣어보자. 다음 문장을 보자.

"교세라의 창업자 이나모리 회장님의 말씀입니다. 조직이란…."
"마크 저커버그도 말했듯이 SNS의 중요성은…."

상품 또는 서비스를 설명하는 광고에도 넣으면 좋다.

'삼성에서도 사용하고 있는 재고관리 시스템입니다.'

'빌 게이츠도 애용하는 메이커'

'세계적 기업 구글에서 사용하고 있는'

또는 더 소규모 마케팅에도 활용할 수 있다.

'상공회의소의 지역 특산품으로 인정받은'

'지역 콘테스트에서 입상한'

예시처럼 문장에 영향력 있는 조직이나 기관, 유명 인물 등 권위를 뒷받침해주는 표현을 넣어보자. 고객에게 더 효과적으로 전달될 것이다.

 P/O/I/N/T

심리기술
같은 말이라도 권위에 따라 설득력이 달라진다.

꼭 기억하기
상품 및 서비스에 권위 효과를 줄 수 있는 영향력 있는 사람이나 조직, 수상 경력, 자격증이 없을지 생각해보자.

홍보는
남이 해야 하는 이유

출판 프로듀서 가와기타 요시노리의 책 《놀이의 품격》에는 이런 말이 나온다.

"우리 집 전병이 맛있다는 것을 홍보하고 싶으면 '저 사람이 먹는 것이라면 나도 먹어보고 싶다'라는 생각이 들 만한, 누구나 신용하는 타 업종의 프로가 '그 집 전병, 맛있지!'라고 말해주는 것이 가장 큰 홍보 효과가 있다."

우리 가게의 전병을 가장 효과적으로 홍보하는 방법은 우리 지역에서 가장 유명한 호텔의 사장님이, 유명 레스토랑 셰프가 "그 가게 전병은 맛있어요!"라고 말해주는 것이다.

이것은 '사회적 증명의 원리' 또는 '권위 효과', '주워듣기 효과'가 작용한 것이다. '사회적 증명의 원리'는 타인의 행동을 보고 그것에 이끌려서 나도 같은 행동을 하게 되는 것이고, '주워듣기 효과'는 이해관계가 없는 완전한 제삼자 의견에 신빙성을 느끼는 것이다.

내가 아닌 누군가의 입을 빌려 상품이나 서비스에 대한 좋은 평판을 퍼트려야 한다.

내가 다루고 있는 상품 및 서비스에 자신이 있다면, 우리 지역 상공회의소, 상인회 등 인맥을 이용해 입소문을 부탁할 수도 있다. 허락해준다면, 전병을 맛있게 먹고 있는 모습을 찍어 그 사진을 홍보물에도 활용하자. 웬만한 제삼자의 추천 한 번은 내가 백번 홍보하는 것보다 효과가 좋다.

 P/O/I/N/T

심리기술
사람은 권위 있는 제삼자의 추천에 신뢰를 느낀다.

꼭 기억하기
인맥을 활용해 상품 또는 서비스를 평가하는 말이나 추천 문구를 모으자.

왜 'TV에서 소개한 것'은
좋아 보일까?

TV의 영향력을 활용하는 방법

물건을 사기 위해서 쇼핑센터에 갔을 때 있었던 일이다. 비슷한 물건이 많아서 무엇을 사야 할지 망설이고 있을 때, 이 광고 문구가 눈에 들어온 순간 망설임이 한순간에 사라졌다. 어떤 문구였을까?

'건강 프로그램에도 소개된 상품!'

이 문구를 보자마자, 'TV에서 소개한 상품이라면 효과가 있겠지'라고 생각한 것이다. 앞서 설명한 '권위 효과'가 작용한 셈이다.

우리 가게도 매스컴의 힘을 빌리고 싶은데, 우리 가게는 취재하러 안 온다고? 꼭 방송을 탈 필요는 없다. 예를 들어 이런 POP 광고를 떠올려보라.

'TV에도 소개된 인삼에 숨겨진 놀라운 다이어트 효과'

이 문구를 인삼 옆에 세워놓는 것이다. 내가 키운 인삼이 아니어도 괜찮다. TV에 나왔던 부분만 어필하면 된다. 만약 당신이 리모델링 업자라면 'TV에서도 화제! 최근 유행하는 노출 천장으로 당신의 집을 스튜디오로 바꿔드립니다!'라고 광고할 수도 있다.

이 외에도 TV의 힘을 빌린 사례는 곳곳에서 찾아볼 수 있다. 한때 엄청난 인기를 자랑했던 TV 아나운서가 방송 프로그램에서 건강에 좋은 음식 재료를 다룰 때마다 지역 슈퍼에는 다음과 같은 광고 문구가 등장했다. 무슨 일이 일어났을까?

'인기 아나운서가 소개한 토마토의 효과! 토마토에 함유된 리코핀은 암과 동맥경화의 원인이 되는 활성산소를 감소시키는 역할을 합니다. 특히 운동 부족이신 분은 반드시 토마토를 섭취하세요!'

이 POP 광고 옆에서 토마토는 엄청나게 잘 팔리고 있었다.

군이 직접 방송을 탈 필요는 없다. 지역 슈퍼의 영리한 POP 광고처럼, TV 프로그램에 나왔던 내용을 상품과 연관 지어서 홍보할 수도 있다. 내가 판매하려는 상품과 관련된 정보가 TV에 나왔다면 잘 기억했다가 활용하자.

 P/O/I/N/T

심리기술
사람은 TV, 신문, 잡지, 라디오에 나오는 정보를 잘 믿는다.

꼭 기억하기
회사 상품 및 서비스에 관한 정보가 매스컴에서 소개된 적이 없는지 확인해보자.

누구에게나 있는
1위를 찾아라

좋은 이미지를 주는 '한정 조건하의 사실'

강연 참석자 중에 자동차 판매회사 전무가 있었다. 그분에게 "당신 회사의 1등은 무엇인가요?"라고 물었더니, "우리 지역에서 복지 차량 총매출이 가장 많다고 생각합니다"라고 대답했다. 그 회사의 광고 문구는 '차에 대한 것이라면 무엇이든지 ○○모터스로'였다. 이 광고 문구를 이렇게 바꾸면 어떨까?

'복지 차량 총매출 사이타마현 1위! 차에 대한 것이라면 무엇이든지 ○○ 모터스로!'

이것은 어느 한정된 조건에만 해당하는 '한정 조건하의 사실'이라는 심리기술을 응용한 것이다.

내 명함에는 '저서는 아마존 서점 마케팅 부문 1위 기록'이라는 문구가 있다. 이것도 '한정 조건하의 사실'이다. 과대광고나 과장은 하면 안 되지만, 조건을 한정 지으면 대부분의 회사와 가게에는 1위에 해당하는 것이 반드시 있다.

'홈쇼핑 판매 매출 1위'

'인터넷 주문배달 디저트 인기 순위 1위'

'블랙 캔 커피 시장에서 No.1'

사람은 1위, 1등이라고 하면 관심이 생기고, 무의식중에 긍정적인 이미지를 갖는다. 당신도 '1위'인 분야를 찾아 한정된 조건에서 홍보하면 고객에게 좋은 이미지를 줄 수 있다.

 P/O/I/N/T

꼭 기억하기
꼭 전국이나 지역에서 1위가 아니라도 좋다. 창립 연도, 사원 수, 상품 수, 입상 경력 등 조건이나 지역 또는 기간을 한정 지으면 반드시 1위인 것이 있다. 그것을 찾아서 명함, 영업 자료, 웹사이트의 카피 문구로 써보자.

많은 사람이
찬성하는 의견에 주목하라

#타인의 평가를 활용하는 법

자기 생각을 100% 확신하는 사람은 극히 드물다. 그래서 우리는 자기 생각의 정당성을 타인과 비교해서 생각하려는 경향이 있다. 나와 같은 의견을 가진 사람이 많으면 '내 생각이 맞았어'라고 생각하는 식이다. "저 사람은 좋은 사람이야"라고 말하는 사람이 많으면, '저 사람은 좋은 사람이구나'라고 생각하는 사람도 많아진다.

사람은 많은 사람이 동조하는 것, 좋게 평가하는 것에 가치를 느낀다. 이것을 '사회적 증명'이라고 한다.

홈쇼핑 프로그램에서 다음과 같은 말을 하는 것을 들어본 적이 있지 않은가?

"처음에는 '정말 효과가 있을까?' 싶었지만, 한 번 써보고 깜짝 놀랐어요. 지금은 절대로 없어선 안 되는 물건이에요."

"사용한 지 한 달 정도 지나니까 효과가 나타나더라고요. 저와 같은 고민이 있으신 분들에게 추천해드려요."

여기에도 '사회적 증명'이라고 부르는 심리학 개념이 들어가 있다. 다른 사람의 후기나 의견을 들으면 '진짜 효과가 있나 보다'라고 생각하는 사람이 많아지는 것이다. '사회적 증명'이 작용한 셈이다. 상품을 어떻게 홍보해야 할지 고민될 때는 다른 사람의 후기를 적극적으로 활용하자.

 P/O/I/N/T

심리기술
사람은 많은 사람이 동조하고, 좋게 평가하는 것에 가치를 느끼기 쉽다.

꼭 기억하기
홍보 방법 중 하나로, 많은 사람이 동조하고 있다는 사실을 어필하자.

잘나가는 가게는
왜 항상 잘나갈까?

잘 팔리는 것처럼 보이는 연출법

돈키호테(생활용품부터 의약품까지 있는 일본 최대의 종합 할인 매장)는 다른 매장에서 고객이 찾기 쉽도록 상품을 놓는 것과 다른 상품 진열 방식으로 유명하다. 상품을 산처럼 쌓아놓는 것이다. 색다른 진열 방식에 숨은 비밀이 한 가지 더 있다. 일부러 매대 한쪽 구석을 조금 비워놓는 것이다. 그 상품이 잘 팔리는 것처럼 보이기 위해서다.

백화점부터 유명한 대형 잡화점까지 어떤 상품이든 10배 매출을 올리는 판매왕이 쓴 책《또 팔렸다!》에서는 상품을 둘 때 한

줄로 정리하지 않고 일부러 구석을 비워놓는 기술을 소개한다. 매대 일부를 비워놓거나, 산처럼 쌓아놓은 상품 더미 중 한쪽 부분을 덜 쌓아놓으면 고객은 '이 상품이 잘 팔리나 보네'라고 생각해서 그 상품을 구매하는 경우가 많다. 여기에는 '희소성', '사회적 증명', '동조 효과'가 모두 작용한 것이라고 할 수 있다.

'희소성'은 수가 적은 것이나 구하기 어려운 것에 가치를 느끼는 심리를 말한다. '사회적 증명'은 많은 사람의 의견과 행동에 영향을 받는 심리를 뜻한다. 자기 행동을 다른 사람의 행동에 맞추거나 비슷하게 하려는 경향은 '동조성'이다.

회사나 가게에서도 '희소성', '사회적 증명', '동조 효과'를 이용해 잘나간다고 느끼게 할 수 있는 것을 찾으면 된다. 구체적으로 다음과 같이 활용할 수 있다.

- 상품 매대의 구석을 일부러 조금 비워놓기
- 카탈로그에 '인기 상품! 매진 임박'이라고 쓰기
- POP 광고에 '절찬 판매 중', '인기리에 판매 중', '가장 잘나가는 상품'이라고 쓰기
- '최근 이 기종을 도입하는 회사가 늘어나고 있습니다'라는 홍보 문구를 넣고 다른 회사의 도입 사례 보여주기
- 매장에 손님들로 가득한 모습을 다른 손님이 볼 수 있게 하기 또는 촬영해서 올리기

- 주차장이 비어 있을 때는 직원 차도 고객 주차 공간에 주차하기
- 배송 예정 상품이 산처럼 쌓여 있는 모습을 고객에게 보여주기

　물건을 판매할 때 깔끔하고 정돈된 상태가 꼭 좋은 것은 아니다. 때로는 '비워놓기', '덜 놓기', '혼잡해 보이기' 기술로 고객에게 '잘 팔린다'라는 느낌을 주는 것도 중요하다.

 P/O/I/N/T

심리기술
매대 한구석이 비어 있으면 잘 팔리는 상품으로 보인다.

꼭 기억하기
판매하고 싶은 상품의 매대 한구석을 일부러 비우고 옆에 '매진 임박'이라고 쓴 POP 광고를 놓자.

내가 BGM에
영향을 받고 있었다고?

소리로 구매를 이끄는 기술

30대 때 컴퓨터 교실을 운영하면서 알게 된 것이 있다. 교실에 BGM을 틀어놓으면 수강생들의 목소리가 커지고, BGM을 안 틀어놓으면 목소리가 작아진다는 것이다. 이후로 나는 강연할 때 작게 BGM을 틀어놓는다. 작은 소리여도 이 음악 소리가 강연장의 분위기를 부드럽게 만들어주기 때문이다.

구매 행동도 소리의 영향을 받는다. 이것을 증명하기 위해 1982년 미국 로욜라대학 로널드 밀리먼 교수가 실험을 했다. 마트에서 박자가 빠른 곡과 느린 곡을 틀었을 때 손님들의 구매액이 어떻게 달라지는지 조사했다. 빠른 곡일 때는 손님이 매장에

머무는 시간이 짧아 구매액도 줄었지만, 느린 곡을 틀었을 때는 매장에 오래 머물기 때문에 천천히 쇼핑하고 구매액도 늘었다. 미국 페어필드대학에서는 카페에서 빠른 곡을 틀었을 때와 느린 곡을 틀었을 때, 1분 동안 손님들이 입으로 음식을 가져가는 횟수를 비교했다. 결과는 다음과 같다.

- 빠른 곡일 때 4.4회
- 느린 곡일 때 3.83회
- BGM이 없을 때 3.23회

이 심리를 레스토랑에 응용해보면, 회전율을 높이고 싶은 런치 타임에는 빠른 곡을 틀고, 디너 타임에는 느린 곡을 틀어 손님들이 가게에 오래 머무르게 하면 매출이 오를 것이다. 아이디어를 활발하게 내야 하는 회의에서 빠른 곡을 틀면 기발한 아이디어가 많이 나올 수 있고, 프레젠테이션이나 상품 발표회에서 중후한 클래식을 틀면 상품의 질에 무게를 더할 수 있다.

 P/O/I/N/T

꼭 기억하기
매장에 틀어놓은 BGM의 리듬이나 박자를 바꿔보고, 고객의 행동이 어떻게 달라지는지 살펴보자.

바빠 보이는 가게가
바쁜 가게가 된다

장사가 잘되는 것처럼 연출하는 법

"벌써 전화가 막 들어오고 있습니다. 원하시는 분들은 서두르셔야 할 것 같아요."

TV 홈쇼핑에서 자주 들어본 멘트 아닌가? 정말로 전화 연결이 어려울 수도 있지만, 대부분은 '바빠 보이는 연출'을 하고 있다.

핵심은 정말 구매를 고민하는 사람에게 이런 연출이 매우 중요하다는 것이다. 바빠 보이는 연출에 자극을 받은 구매자는 전화를 걸어 상품을 구매할 것이고, 곧 연출이 아니라 진짜 바쁜 상황이 될 것이다.

나는 가까운 곳에서 이 기술을 활용한 예를 본 적이 있다. 평소 알고 지내는 가게 사장님은 '지방 발송용'이라고 적힌 선반에 일부러 택배 운송장을 한가득 쌓아둔다. 그것을 본 고객이 '이 가게 상품은 잘 팔리는 모양이군. 운송장이 저렇게나 많네'라고 생각하게 만들기 위해서다.

어떤 사장님은 '○○님 일행, 환영합니다'라는 간판을 늘 가게 앞에 놓는다. 사람들에게 '손님이 많이 찾는 가게'라는 것을 어필하기 위해서다.

다른 예도 있다. 당신이 수술을 해야 하는 상황이라고 해보자. 그런데 '당장 수술할 수 있는' 의사와, '수술 예약이 가득 차 있어서 3개월 뒤에나 날짜를 잡을 수 있는' 의사가 있다면, 어느 의사의 실력이 더 좋다고 생각할까? 후자일 것이다.

사람은 '바빠 보이는 사람'에게 일을 부탁하고 싶어 하고, '바빠 보이는 가게'에 들어가고 싶어 하며, '바빠 보이는 사람'에게 물건을 사고 싶어 한다.

바꿔 말하면, '할 일이 없어서 한가해 보이는 회사'에는 일을 부탁하고 싶지 않고, '한가해 보이는 가게'에는 들어가기가 망설여지며, '한가해 보이는 호텔'에는 묵고 싶지 않다. 또, 바빠 보여서 실제로 일이 들어오고, 진짜로 바빠지는 경우도 자주 있다.

주의해야 할 점도 있다. 바빠 보이는 사람에게 일을 부탁하면서, 내가 일을 받을 때는 시간이 많은 사람으로 보이려는 경향이 있다. 절대로 "시간이 많으니 일 좀 주십시오"라고 말해서는 안된다. 누군가가 일을 부탁할 때는 이렇게 말하는 것이 좋다.

"요새 좀 바쁘긴 한데, 어떻게든 시간을 만들어보겠습니다."

기억해두자. 사람은 바빠 보이는 가게를 좋아하고 바빠 보이는 사람에게 끌리는 법이다.

 P/O/I/N/T

심리기술
사람은 '바빠 보이는 사람'에게 일을 맡기고 싶어 하고, '바빠 보이는 가게'에 들어가고 싶어 하고, '바빠 보이는 가게'에서 물건을 사고 싶어 한다.

꼭 기억하기
고객을 속이지 않고 정말로 바빠 보이도록 연출하려면 어떻게 해야 할지 생각해보자.

고객의 지갑이 가장 열리기 쉬운 순간은
고객이 물건을 사기로 결심한 바로 그 순간이다.
그 순간을 놓치지 말자.

2장

내 물건을 사게 만드는
17가지 카피의 기술

"카피의 목적은 고객의 관심을 끄는 데 있다"

카피를 본 순간
'저건 내 얘기야!'라고 생각하게 하라

타깃을 좁히는 카피 기술 ①

'체지방이 걱정되시는 분에게'

이것은 내가 감탄한, 카오花王에서 건강 음료 '헤르시아 녹차'를
발매했을 때의 카피 문구다. 이 문구가 등장한 시기는 영업사원
들 사이에서 대사증후군 문제가 관심사로 떠오를 때였다. 뭉뚱그
려 '건강에 관심 있는 분에게' 혹은 '쾌적한 하루를 원하시는 분에
게'처럼 불특정 다수를 대상으로 하지 않고, '체지방이 걱정되시
는 분'으로 타깃을 좁혀 타깃 대상이 '어? 내 얘기인데'라고 느끼고
상품을 보게 했다. 그 결과 이 음료는 그야말로 대박이 났다.

마케팅의 기본 원칙은 '타깃을 좁혀라'다. 성별, 나이, 취미, 취향, 연 수입으로 판매 대상이 되는 타깃층을 좁히는 것이 중요하다. 예산과 시간은 한계가 있다. 그래서 불특정 다수를 대상으로 판매, 광고, 마케팅 활동을 하면 비용 대비 효과가 좋지 않아 수익이 나빠진다.

주의를 끌고 잠재고객을 모으는 데 목적이 있는 카피 문구에도 적용되는 법칙이다. "여러분, 들어주세요! 솔깃할 만한 이야기가 있어요" 같은 식으로 불특정 다수를 대상으로 하면 헛발질을 하게 되는 경우가 많다.

열과 성을 다해 상품과 서비스를 홍보하더라도 고객은 '나와 상관없는 정보'라고 인식하면 관심을 주지 않는다. 카피 문구만 보고도 "내 얘기잖아!", "나 관심 있었는데!", "나한테 하는 소리야!"라고 생각할 만한 카피 문구를 써야 한다.

 P/O/I/N/T

꼭 기억하기
사람은 자기 일이 아니면 쳐다보지 않는다. 특정 타깃층에 어필할 수 있는 카피 문구를 생각하자.

'○○로 고민이신 분에게'라고
말 걸기

타깃을 좁히는 카피 기술 ②

지인이 이런 말을 한 적이 있다. "영업이란 물건을 파는 일이 아니라 상대가 무엇 때문에 힘들어하고 고민하고 있는지를 찾아내는 일이야."

정말 그렇다. 하지만 광고로는 주요 대상의 고민과 스트레스가 무엇인지 찾을 수 없다. 따라서 그들이 우리 존재를 깨닫게 해야 한다.

이럴 때 다음과 같이 "○○로 고민이신 분들에게"라는 카피 문구로 말을 거는 것이 효과적이다.

"어깨, 허리, 무릎의 만성적인 통증, 반복되는 통증으로

더 이상 고생하고 싶지 않으신 분!

한방에서 답을 찾은 의약품 '통산탕'에 맡겨주십시오."

이것도 바로 앞에서 언급한 것처럼 특정 층을 대상으로 한 카피 문구다. '어깨, 허리, 무릎 통증으로 고통받는 사람'을 타깃 대상으로 좁혔다.

이 문구를 보고 대상이 관심을 보이면

대상에 정보 제공

⇩

상품 혹은 서비스를 구체적으로 설명하기

이 순서로 진행하자.

 P/O/I/N/T

심리기술

사람은 자신의 고민에 대한 정보는 사소한 것이라도 관심을 기울인다.

꼭 기억하기

상품 혹은 서비스가 가진 기능이 어떤 사람들의 고민을 해결해줄 수 있을지를 생각해보고, 해당 고민을 가진 사람들이 자신의 얘기라고 느낄 수 있는 카피 문구를 만들자.

카피에 홀수를 넣으면 돋보인다

광고 문구를 보다 보면 특징을 나타내는 숫자의 경우, 짝수보다 홀수가 많다는 것을 알 수 있다. 예를 들어 이런 식의 카피 문구가 많다는 뜻이다.

'일하는 여성에게 드리는 5가지 레슨'

'행복한 커리어를 위한 5가지 비결'

'생맥주 맛의 3가지 비밀'

인터넷에서 조사해본 결과, 홀수 중에서도 3, 5, 7이 많다는 것을 알았다. 축의금, 부조금도 거의 홀수 금액을 낸다.

이 특성을 광고 등에 적용하면 어떨까. 다루는 상품 또는 서비스, 혜택 중에서 다른 회사와 차별화할 수 있는 요소나 특징이 있다면, 그것들을 3, 5, 7과 연결 지어 표현해보자.

예를 들어, 회사가 맡게 될 리모델링 공사에 다른 회사에는 없는 몇 가지 요소가 있다고 해보자. 그런 경우, "온 가족이 기뻐하는 리모델링 공사는 저희 회사에 맡겨주십시오!"라는 카피 문구보다, "온 가족이 기뻐하는 리모델링 공사의 3가지 포인트!"라는 식으로 포인트를 3, 5, 7로 정리해서 전달하면 좋다.

'4명 중 1명이 선택하고 있습니다.'

어필해야 할 대상에게 카피 문구로 강렬한 인상을 남기고 싶다면 예시처럼 '구체적인 숫자'를 문장에 넣는 방법도 있다.

 P/O/I/N/T

심리기술
사람들은 짝수보다 3, 5, 7 같은 홀수를 좋아한다는 조사 결과가 있다.

꼭 기억하기
우리 회사, 우리 매장의 특징을 홀수로 나열해보자.

사람은 한 번 동의하면
계속 동의한다

YES를 유도하는 기술

"우리 지역을 좀 더 살기 좋은 곳으로 만들고 싶으시죠?"라는 질문을 들으면 대부분 "네!"라고 대답할 것이다. 사람은 특정 상대에게 여러 번 찬성(YES)하는 태도를 보이면, 그 후에는 반대 의견(NO)을 말하기 어려워하는 경향이 있다고 한다. 이것을 생각해 상대방이 "예스"라고 대답할 만한 질문을 하는 판매기술을 '예스 유도 화법'이라고 한다. 이 기술로 광고 문구를 만들어보자.

"블로그로 부수입을 얻고 싶지 않으세요?"

"우리 지역을 더 좋은 곳으로 만들고 싶지 않으신가요?"

"차 한 잔으로 뇌졸중 예방이 가능하다면 얼마나 좋을까요?"

이런 질문을 들으면 사람들은 보통 "예스"라고 대답한다. 그다음 단계는 내가 원하는 질문을 던지는 것이다.

"4월부터 '블로그로 월 천만 원 벌기'에 대한 강의가 있는데요, 들어보실래요?"
"아이들을 위한 공원 건설을 위해 서명 운동 중인데 협조해주시겠어요?"
"지금 주문하면 소용량 감잎차를 배송비 무료로 5,000원에 구매할 수 있는데 어떠세요?"

이것이 바로 '예스 유도 화법'이다. 광고 문구를 만들 때, 처음에 '예스'라고 말하면 바로 뒤에 이어지는 권유도 '노'라고 말하기 어려워진다는 사실을 기억해두자.

P/O/I/N/T

꼭 기억하기
광고 문구를 작성할 때는 어필할 고객이 받아들이기 쉬운 질문부터 하자.

평범한 카피를 변신시키는 '매직 워드'

'울트라 다이어트 판매 중!'

vs

'기적의 울트라 다이어트가 새롭게 나왔습니다!

누구나 힘들지 않게 실천할 수 있는 3가지 노하우'

두 개의 카피 문구 중에서 어느 쪽에 더 관심이 생기는가. 후자일 것이다. 사실 두 번째 카피 문구에는 평범한 카피를 눈길이 가는 카피로 바꿔주는 '마법의 단어(매직 워드)'가 숨어 있다. 어떤 것들일까?

- 이제까지 본 적 없는 : 이제까지 본 적 없는 강습회 무료 개최 중!

- 이전에도 없었고 앞으로도 없을 : 이전에도 없었고 앞으로도 없을 반품 상품 특가 세일

- 긴급 공지 : 긴급 공지! 업계 최초 ○○ 이벤트 개최 결정

- 업계 최초 : 업계 최초! 하이브리드 이륜차 발매!

- 사상 최초 : 사상 최초! 우주여행 상품 발매

- 첫 공개 : 첫 공개! 인기 캐릭터의 새로운 버전

- 신개발 : 신개발! 공사용 ○○의 안전 성능 50% 향상

- 새로운 발견 : 새로운 발견! 당일 여행이 가능한 도심 속 숨은 명소 온천

- 놀라운 : 놀라운 골프 실력 향상법! 3개월 만에 싱글 플레이어 되기

- 보장 : 3년 동안 무료 점검을 보장해드립니다!

- 화제 만발 : 주부들 사이에 화제 만발! 간편 요리법을 담은 요리책

- 경고 : 경고! 초등학생 대사증후군의 원인은 주스!

- 마법 : 매일 한 잔이면 알칼리 체질로 변하는 마법의 물

- 극찬 : 치과의사가 극찬한 티타늄 칫솔

- 유행 : 동해안에서 대유행 중인 새로운 스포츠 국내 상륙!

- TV에서 화제 : TV에서 화제를 일으킨 다이어트법

- 궁극 : 궁극의 수면 베개 O명에게 증정

- 속보 : 속보! 지금부터 12시간 동안 반값 세일!

- 기적 : 기적을 일으키는 반나절 단식 다이어트

- 충격 : 충격적인 가격에 드립니다!

이런 마법의 단어를 카피 문구의 앞머리, 문장 중간, 문장 끝에 활용해보자. 평범한 카피가 인상에 강하게 남는 문장으로 바뀔 것이다.

 P/O/I/N/T

심리기술
짧지만 강렬한 단어는 사람들의 눈과 귀를 끌어당기고 강한 인상을 남긴다.

꼭 기억하기
카피 문구를 작성할 때 어필할 대상에게 강한 인상을 남길 수 있는 단어를 생각해보자.

고객이 사는 것은
상품이 아니다

상품의 가치를 높이는 카피 기술

고객은 물건이나 서비스의 진정한 가치(상품가치)는 의외로 잘 모른다. 고객은 물건이나 서비스의 진정한 가치를 모르기 때문에 '고객'인 것이다. 만약 상품가치를 아는 사람이 있다면 그 사람은 '프로', 즉 같이 사업을 하는 사람이다. 그분들은 '고객'이 아니다.

상품 또는 서비스에는 '상품가치'와 '평가가치' 2가지 가치가 있다. 상품가치란 상품이 처음부터 가진 가치를 뜻한다. 평가가치는 상품을 둘러싼 부가가치로 만들어지는 가치다.
예를 들어, 리모델링 회사의 '자녀의 방을 리모델링해드립니다'

라는 카피 문구는 '건축공사'라는 상품가치를 홍보하고 있다. 그런데 '자녀의 방을 집중력이 좋아지는 방으로 리모델링해드립니다'라는 카피 문구는 고객의 이익(집중력이 좋아진다)으로 이어지는 가치를 포함한다. 이것을 평가가치라고 한다.

또, '슈크림은 어떠세요?'는 상품가치를 알리는 것이고, '둘이 함께 먹으면 사랑이 이루어지는 해피 슈크림 어떠세요?'는 평가가치를 알리는 것이다.

고객은 대부분 상품가치가 아니라 평가가치에 이끌려 상품이나 서비스의 매력을 느끼는 법이다. 다음 두 개의 카피 문구를 본다면 어떤 메밀국수가 더 먹고 싶어질까?

'맛있는 신상 메밀국수'

vs

'신주信州산 메밀만 사용해 새벽 3시부터 만든

수타 메밀면 (1일 한정, 50그릇)'

전자는 상품가치만 강조한 카피지만, 후자는 평가가치를 홍보하고 있다. '맛있다'가 아니라 '맛있겠다!'라는 생각이 들게 하는 가치가 평가가치다. 한 가지 예를 더 들어보자.

'인기 있는 고구마 소주 들어왔습니다.'

vs

'술집 점장님만 알고 있는
환상의 고구마 소주 들어왔습니다.'

두 예시 모두 전자보다는 평가가치에 집중한 후자의 카피 문구에 끌릴 것이다.

평가가치를 높이는 방법은 여러 가지가 있지만, 가장 쉬운 방법은 이름과 카피를 잘 생각하는 것이다. 고객의 흥미와 관심이 무엇인지를 고객 시점에서 생각하고 최대한 짧은 문장으로 표현하는 연습을 해보자.

 P/O/I/N/T

심리기술
상품 또는 서비스에는 '상품가치'와 '평가가치'라는 2개의 가치가 있다.

꼭 기억하기
상품의 '평가가치'를 높이고 싶다면, 고객의 흥미와 관심을 끌 만한 것이 무엇일지 깊이 생각해서 카피 문구를 써보자.

살아 있는 문장을 만드는 'ETAC'

ETAC 문장 작성법

블로그, 페이스북 등 SNS에서 정보를 알려주는 주요 수단은 문장이다. 문장을 쓰는 일은 글쓰기가 익숙한 사람이나 글을 잘 쓰는 사람에게는 즐겁지만, 이런 쪽에 재주가 없는 사람에게는 쉽지 않다.

글쓰기를 어려워하는 사람들도 쉽게 글을 쓸 수 있도록 돕는 'ETAC 문장 작성법'이라는 기술이 있다. ETAC는 '감정, 사고, 행동, 대화'를 뜻하며, ETAC 문장 작성법이란 각 요소의 알파벳 앞 글자를 따서 이름 붙인 방법이다.

E = 감정 Emotion

T = 사고 Thinking

A = 행동 Act

C = 대화 Communication

이 기술을 이용해 감정, 사고, 행동, 대화의 요소를 문장에 넣으면 현실적이고 실감 나는 문장을 쓸 수 있다.

다음 문장을 보자.

'나는 부하 직원에게 화가 나서 소리를 지르고 말았다.'

단순 사실의 나열이라 매우 담백한 느낌이 든다. 이 문장에 감정(E), 사고(T), 행동(A), 대화(C) 요소를 넣어서 바꿔보자.

ETAC를 적용해 바꾼 문장

"나는 부하 직원이 한 '이 서류 어디에 오류가 있나요?'(대화)라는 말에 강한 분노를 느끼고(감정), '그렇게 열심히 가르쳤는데 왜 몰라주는 것인가' 싶어 분한 마음이 들었다(사고). 다음 순간 머리에 피가 거꾸로 솟아 손이 부들부들 떨렸고, 나도 모르게 그에게 소리를 지르고 말았다(행동)."

어떤가. 현실성이 생기고 현장 상황을 훨씬 더 잘 알 수 있게 바뀌지 않았나? 이런 식으로 감정, 사고, 행동을 의식하고, 문장에 대화를 넣으면 사실 위주의 담백했던 문장이 살아 있는 문장이 된다.

SNS에 글을 쓸 때 주의해야 할 점은 '상대의 공감을 얻는 것'이다. 쓰는 사람은 이해하고 있어도 읽는 사람은 이해하지 못하는 경우가 자주 있다. 때문에 내 글을 읽어주는 사람(독자)이 과연 이해할 만한 내용인지 제삼자의 관점에서 볼 필요가 있다.

독자에게 설명이 부족하다는 생각이 들면 ETAC의 관점에서 문장을 보완해보자. 내 문장이 서서히 입체적인 문장으로 바뀔 것이다.

 P/O/I/N/T

심리기술
감정, 사고, 행동, 대화가 들어간 설명은 현실성이 있다.

꼭 기억하기
문장을 쓰고 나면 감정, 사고, 행동, 대화의 관점에서 다시 한번 읽어보고 마무리하자.

상대가 잡기 쉬운
공부터 던져라

쉽게 승인을 얻는 설득법

A   태블릿 50% 세일. 단, 디스플레이 상품은 흠집 있음

B   흠집 있는 태블릿 50% 할인!

길을 가다가 이런 POP 광고를 봤다고 해보자. A와 B 중 어느 쪽이 효과적으로 구매를 유도하는 문구일까?

사회심리학자 로버트 치알디니(Robert Cialdini, 애리조나주립대학 심리마케팅학과 명예교수이자 《설득의 심리학》의 저자)가 대학생을 대상으로 한 유명한 실험이 있다. 설득의 기술에 관한 것이다.

대학생들에게 '아침 7시부터 시작하는 심리학 실험에 협력해주

세요'라고 부탁했다. 실험 시작 시간이 이른 아침이었기 때문에 협력하겠다고 승낙한 사람은 31% 정도였다.

그다음에는 '심리학 실험에 협력해주세요'라고 먼저 말하고 나서 '실험은 아침 7시부터 시작하니 늦지 않게 와주세요'라고 부탁했다. 그랬더니 승낙한 학생이 56%로 늘어났다.

이 실험으로 처음에 상대가 기꺼이 받아들일 만한 정보를 전달해서 승낙을 얻으면 그 후에 부정적인 정보를 제공해도 받아들이게 된다는 것을 알 수 있다.

이것을 '낮은 공 전략Low Ball Technique'이라고 한다. 낮은 공 전략이란, 처음에 낮은 공을 던져 상대가 잡기 쉽게 만들면 높은 공을 던져도 잡는다는 심리기술이다.

맨 처음 봤던 광고 문구를 다시 떠올려보라.

처음에는 낮은 공(쉬운 요구)을 던진다는 관점에서 A가 더 효과적인 카피 문구라고 할 수 있다. 가게에서 상품을 사기로 한 후에 "사실 점검비는 별도입니다", "어댑터는 별도로 구매하셔야 해요", "이 사이즈는 재고가 이것뿐입니다"라고 말하는 것도 낮은 공 전략을 사용한 예다.

성실한 사람일수록 처음부터 높은 공을 던지려고 하지만, 사람의 심리를 생각하면 처음에 던지는 것은 낮은 공이여야 효과적이다.

반대로 내가 낮은 공 전략에 말려들 수도 있다. 상대의 낮은 공 전략에 말려들어 어쩔 수 없이 물건을 산 경험이 한 번씩은 있을 것이다. 그럴 때는 '그래도 사겠다고 했는데 이제 와서 안 사겠다고 할 순 없잖아'라고 생각하지 말고, 매장에서 제시하는 조건을 꼼꼼히 분석하고 판단해서 "점검비가 별도라면 다른 것을 찾아볼게요", "생각 좀 해볼게요" 같은 식으로 딱 잘라 거절하는 태도를 보일 필요도 있다.

 P/O/I/N/T

심리기술
사람은 처음에 쉬운 요구를 승낙하면, 그 후에 어려운 요구도 승낙하게 된다.

꼭 기억하기
상대방에게 무언가를 요청할 때는 처음에는 흔쾌히 받아들일 만한 쉬운 요구를 하자.

하지 말라고 하면
관심이 생긴다

\# 적극적으로 권하지 않고도 판매하는 방법

'부탁입니다. 이 페이지는 읽지 마십시오!'라는 글을 보면 신기하게도 다른 페이지보다 더 읽고 싶어진다. '이 상자 안을 보시면 안 됩니다'라고 하면 괜히 더 보고 싶다. 사람에게는 거절당하거나 금지당하면 반대로 흥미가 생기는 성질이 있다.

사람은 읽고, 보고, 먹고, 가고, 듣는 행위에 선택권을 가진다. 하지만 그것을 못 하게 하면 불안정한 심리 상태가 되고 원래 상태로 돌아가려고 하는 심리가 작용하는 것이다.

이것을 심리학에서는 '칼리굴라 효과'라고 한다. 1980년에 미국에서 개봉한 영화 〈칼리굴라〉가 잔인한 장면 때문에 상영이 금지

되자 오히려 보고 싶어 하는 사람이 폭발적으로 늘었다고 한다. 그 현상에서 이름을 따온 심리학 용어다. 이런 심리를 이해하고 있는 카피라이터나 영업사원은 "아직은 신청하지 마세요" 같은 표현을 써서 오히려 소비자의 구매 욕구를 자극하기도 한다.

인터넷에서 판매하고 있는 세미나 DVD에 대한 문의를 받을 때가 있다. "음식점 경영에 이 세미나 DVD가 도움이 될까요?"라는 문의가 오면 "요식업 종사자분들이 많이 구매하셨지만, 음식점 규모나 업종마다 차이가 있으니 급하게 결정하지 마시고 다른 사이트의 상품들도 검토해보세요"라고 대답한다.

그러면 신기하게도 고객이 "아니요, 친구가 권한 것이니 괜찮을 것 같아요"라고 말하며 사야 하는 이유를 찾아주는 경우가 많다.

이 금지법은 아무 때나 쓰면 효과가 떨어지지만, 영업할 때나 광고에서 가끔 사용하면 의외로 효과가 있다.

 P/O/I/N/T

심리기술
사람은 거절당하거나 금지된 것에 더욱 끌린다.

꼭 기억하기
협상이나 영업 또는 고객을 대할 때 일부러 '판매하지 않겠다, 계약하지 않겠다'라는 뜻을 전달해보자.

실패하기 싫은 마음을 자극하라

불안을 행동하는 힘으로 바꾸는 법

예시 1

A 이 서비스는 매출을 확실하게 올려줄 겁니다.

B 이 서비스를 통해 훨씬 큰 리스크를 막을 수 있습니다.

예시 2

A 회계 원리를 공부해 미래를 대비합시다.

B 훗날 곤란한 일을 당하지 않기 위해서 회계 원리를 배웁시다!

두 가지 버전의 카피가 있다. A는 긍정적인 표현을 사용한 카피고,

B는 부정적인 표현을 사용한 카피다. 어떤 카피가 좋은 카피일까? 보통 긍정적인 표현을 사용한 A를 좋은 카피라고 생각할 것이다.

　사람에게는 두 가지 방향의 욕구가 있다. 하나는 플러스 방향, 즉 긍정적인 욕구다. 행복해지고 싶고, 부자가 되고 싶고, 자격증을 따고 싶은 욕구들이다. 이런 긍정적인 욕구는 많은 사람이 갖고 있어도 웬만해서는 '행동'으로 옮기지 않는다는 특징이 있다.

　행복해지고 싶다는 생각은 하지만, 행복해지는 방법을 구체적으로 떠올리고 행동으로 옮기는 사람은 많지 않다. 부자가 되고 싶지만 당장 오늘부터 투자 및 금융 공부를 하거나 장사를 준비하는 사람은 많지 않고, 자격증을 따고 싶다는 마음은 있어도 당장 자격증 강의를 듣거나 학원에 등록하는 사람은 적다.

　또 다른 욕구는 마이너스 방향, 즉 부정적인 욕구다. 실패하고 싶지 않고, 틀리고 싶지 않고, 창피당하고 싶지 않은 욕구, 손해보고 싶지 않고, 무시당하고 싶지 않은 욕구다.

　부정적인 욕구의 특징은 긍정적인 욕구에 비해 '행동'하는 사람이 많다는 것이다. '이번 일은 중요해. 실패하고 싶지 않아', '사람들 앞에서 틀린 말을 하고 싶지 않아', '발표에서 창피를 당하고 싶지 않아', '이번 투자에서 손해를 보고 싶지 않아', '부하에게 무시당하고 싶지 않아'라는 생각이 들면 빈틈없는 계획을 세우거나 미리 연습하기도 하고, 학원에 다니거나 강의를 듣기도 한다.

이 심리를 이용해, 영업 멘트나 카피 문구에 긍정적인 표현을 썼을 때 고객의 반응이 미지근하다면 일부러 부정적인 표현을 시도해보는 것도 방법이다.

단, 부정적인 카피는 불안을 부추기므로 너무 남발하지 않는 것이 좋다.

 P/O/I/N/T

심리기술
부정적인 욕구가 사람을 더 행동하게 만든다.

꼭 기억하기
부정적인 욕구의 대표적 문장에는 '실패하지 않는다', '실수하지 않는다', '창피당하지 않는다', '손해 보지 않는다' 등이 있다. 영업할 때나 카피 문구를 쓸 때, 고객의 불안을 부추겨 행동을 자극하고 싶은 경우에 이런 표현을 생각해보자.

즐거움이
늘 정답은 아니다

죄의식이 남지 않는 홍보법

사람의 마음속에서는 늘 즐거움과 죄의식이 갈등하고 있다. '반드시 행복해질 거야!'라고 생각하면서도 행복한 일이 계속되면 오히려 불안해질 때가 있다. '와! 내일부터 하와이다!'라고 기뻐해도 마음속 어딘가에 '부모님이랑 같이 못 가는 게 마음에 좀 걸리네. 일도 밀렸는데 후배에게 다 떠맡기고 와서 좀 미안하기도 하고'라는 마음도 있다. 이 심리를 잘 생각해서 카피를 쓰자.

예를 들어 주부를 대상으로 반찬을 홍보할 때 '매일 요리하는 번거로움이 줄어서 편해집니다!'라고 하면 '즐거움'은 줄 수 있지만 '죄의식'은 해결하지 못한다. 요리하지 않는 게으른 주부라는

'죄의식'이 남기 때문이다.

'성장기 자녀를 위해! 쉽게 만들 수 있는 반찬을 한 가지 더 늘려보면 어떨까요?'

즐거움을 강조하는 카피가 늘 통하는 것은 아니다. 그럴 때는 이런 식으로 죄의식이 남지 않는 카피 문구로 홍보하면 훨씬 더 좋은 반응을 얻을 수 있다.

 P/O/I/N/T

심리기술
사람의 마음속에는 즐거움과 죄의식이 늘 갈등하고 있다.

꼭 기억하기
영업 멘트와 카피 문구에는 '즐거움'과 '죄의식'을 모두 언급하는 것이 좋다.

항상 구체적으로
말하라

고객을 행동하게 만드는 방법

1964년 뉴욕, 28세 여성이 자신이 살고 있던 아파트 근처에서 남자에게 칼에 찔려 사망하는 사건이 일어났다. 피해자는 약 30분 동안 세 번이나 범인의 공격을 받았고 그동안 비명을 계속 질러 도움을 요청했다.

경찰은 피해자의 비명을 들은 사람이 적어도 38명은 된다고 했다. 하지만, 경찰에 신고한 사람은 단 한 명뿐이었다. 게다가 그 신고도 피해자가 죽은 뒤에 한 것이었다. 사건을 목격한 사람도 있겠지만, 대부분은 집 근처에서 일어난 사건에 무관심했다.

이 사건을 조사하고 실험했던 사회심리학자 존 달리John Darley와 빕 라타네Bibb Latané는 많은 사람이 이 사건에 무관심했던 원인을 다음과 같이 지적했다.

'많은 사람이 알고 있었기 때문에 아무도 행동으로 옮기지 않았다.'

이것을 '방관자 효과'라고 한다. 즉, 사람은 중대한 문제나 상황에 부딪히면 책임을 회피하면서 '나 말고 다른 사람이 하겠지'라는 심리가 작용해 행동하지 않는 경향이 있다는 뜻이다. 특히 문제나 상황에 관여하는 사람이 많을수록 내가 아니어도 다른 사람이 행동할 것이라는 생각과 많은 사람 앞에 나섰다가 잘못되어 창피를 당하고 싶지 않다는 생각 때문에 행동하지 않는 것이다.

'방관자'를 만들지 않으려면 이렇게 말하면 된다.

"(특정 사람을 손가락으로 가리키면서) 거기 파란 셔츠 입으신 분, 제가 지금 출혈이 심해서 곧 죽을지도 몰라요. 지금 구급차를 불러주세요."

대상 인물과 구체적인 행동 내용을 확실히 전달하면 지명 당한 사람은 '방관자'가 되지 않고 행동하기 시작한다.

이 이론은 카피 문구에도 응용할 수 있다. 어필할 대상이나 행동 지침을 설정한 다음 '여러분에게 도움이 되는 소식입니다'라고만 말하면 고객은 방관자가 될 가능성이 크다.

고객에게도 마찬가지로,

'니시후네바시에 사는 초등학교 저학년 자녀를 두신 부모님들은 주목해주세요! 솔깃한 정보가 있습니다. 지금 바로 뒷면을 읽어주세요.'

이렇게 구체적으로 대상을 지명하고 자세한 행동 내용을 분명하게 전달해야 한다.

 P/O/I/N/T

심리기술
사람은 지명을 받고 행동 지시를 받으면 자기 일이라고 생각한다.

꼭 기억하기
카피 문구에는 대상이 해야 하는 구체적 행동을 분명하게 적자.

카피의 '주어'는
고객이다

고객에게 미움을 사지 않는 카피 기술

연말에 아는 사람에게 두 통의 편지가 왔다고 상상해보자.

예시 1

지난달에 하와이에 다녀왔습니다. 푸른 하늘과 넓은 바다, 맛있는 요리를 매일 즐겼습니다. 따뜻해서 기분전환이 되었어요(하와이 사진을 같이 보내니 남국의 기분을 느껴보세요). 이번에 우리 집 장남이 유명 사립고등학교에 추천 입학을 하게 되었습니다. 축구부에 들어갈 예정이라 응원하러 가는 길이 벌써 기대가 돼요. 저는 돌아가서도 와인 교실과 댄스 교실에 가야 해서 괜히 바쁠 것 같네요(웃음). 이런저런 얘기할 것도 있고, 다음 주에 그쪽에 갈 일도 있어서 뵙고 싶은데 괜찮으신가요?

예시 2

잘 지내고 계신가요? 얼마 전 오랜만에 메일을 받아 매우 기뻤습니다. 그러고 보니 자녀분께서 내년 대학 입시를 앞두고 있죠? 고등학교 때 축구부 주장이었다고 들었던 것 같습니다. 자녀분께서 원하는 학교에 합격할 수 있기를 기원합니다. 다음 주에 제가 그쪽에 갈 기회가 있는데, 괜찮으시다면 오랜만에 만나 이야기를 나누고 싶습니다. 추위가 심해지고 있는데, 가족분들 모두 건강 유의하시기 바랍니다.

두 통의 편지 중에서 어느 쪽이 더 친근하게 느껴지는가? 후자일 것이다. 이런 차이는 어디에서 생길까? 바로 '주어'에서 생긴다.

첫 번째 편지의 주어는 '나'이고 두 번째 편지의 주어는 '당신'이다. '내'가 주체가 되어 내 이야기만 하면 상대방은 당신을 지루하고 자기중심적인 사람이라고 느낀다.

비즈니스에서도 마찬가지다. 고객을 앞에 두고 '우리 상품'만 계속 말하고, 광고에서도 '우리 상품'만 칭찬하면 눈살이 찌푸려지기 마련이다.

비즈니스 현장에서 고객에게 전하고 싶은 것이 있다면 주어를 '당신'으로 해보자. 카피 문구를 작성할 때도 주어는 '이 상품', '우리 회사'가 아니라 '당신(고객)'이 되어야 한다. '작고 간편한 크기에 화질이 좋습니다'라고 하면 주어는 '나(이 상품)'이다. 이 문장에서 주어를 '당신(고객)'으로 바꿔보자.

'주머니에 넣어 어디든 가지고 다닐 수 있습니다. 마음에 드는 풍경을 보면 바로 감성 사진을 찍어보세요.'

이런 식으로 카피 문구를 쓸 때는 항상 '당신(고객)'을 주어로 해서 쓰면 좋다.

 P/O/I/N/T

심리기술
사람은 자기 얘기만 하고 자화자찬하는 사람을 안 좋아한다.

꼭 기억하기
카피 문구는 '당신(고객)'을 염두에 두고 작성하자.

홍보할 때는
항상 '나'를 드러내라

광고의 신뢰성을 높이는 방법

세탁기가 고장이 나서 새로운 세탁기를 사려고 매장에 갔을 때 안내 문구만 있는 경우와 안내 문구와 함께 담당자의 소속과 이름이 있는 경우, 두 가지 경우가 있다면 어느 쪽에 더 신뢰가 가는가? 왠지 모르게 담당자의 이름이 적혀 있으면 신뢰하게 된 경험이 있지 않은가?

강연에서 스크린에 다음과 같은 그림을 띄우고 A와 B 중 어느 쪽에 더 믿음이 가는지 물었을 때, 대부분은 개인의 이름과 얼굴이 나와 있는 B에 더 믿음이 간다고 대답했다.

A

고객님께
성실한 자세로
다가가겠습니다.
베스트 전기공업

B

고객님께 성실한 자세로
다가가겠습니다.

베스트 전기공업 영업과
사토 요시오

이 심리를 이해하기 위해 2007년에 심리학자가 한 실험을 보자. 그는 실험 대상자들에게 "여러분은 이 실험의 사례금 일부를 자선단체에 기부할 수 있습니다"라고 말한 뒤 A그룹에 몇백만 명이 굶주림에 시달리고 있는 잠비아의 상황을 설명했다. B그룹에는 아프리카에서 굶주림에 시달리는 7살짜리 소녀에 관해 이야기했다. 그 결과 B그룹이 A그룹보다 2배나 많은 기부를 했다.

실제로는 소녀 한 명보다 수백만 명을 구하는 일이 도리에 맞을 것이다. 하지만 사람은 '얼굴을 모르는 불특정 다수나 조직'보다 '얼굴이 보이는 한 개인'에 관심을 가진다.

광고나 홍보를 할 때도 마찬가지다. SNS나 전단지, 다이렉트 메일 등을 영업 수단으로 사용할 때는 '얼굴이 보이지 않는 회사나 가게'가 아니라 '얼굴이 보이는 개인'이 정보를 전달해야 상대의 관심을 끌 수 있다. 고객은 회사나 가게에는 관심이 없다. 관심이 있는 것은 '얼굴이 보이는 당신'이다.

 P/O/I/N/T

꼭 기억하기
정보를 전달할 때는 어필할 대상이 관심과 믿음을 가질 수 있도록 정보를 전달하는 주체가 누구인지 구체적으로 알리자.

권위를 내세워
평가를 높여라

좋은 인상을 남기는 '후광 효과'

영화에서 'ㅇㅇ영화제 작품'이라고 자막이 뜬 다음 이야기가 시작되는 경우를 본 적이 있을 것이다. 영화제에는 나갔지만 상은 못 탔다는 뜻이다. 즉, 콘테스트, 대회, 경기에 '참가'했다는 실적만 있어도 그것은 후광이 된다.

'후광 효과Halo Effect'라는 것이 있다. 미국의 심리학자 에드워드 손다이크Edward Thorndike가 1920년에 발표한 논문으로 유명해진 심리학 용어다. 용모가 단정하고 깔끔한 사람은 일을 잘할 확률이 높다, 일류 대학을 졸업한 사람은 신입이어도 인정할 수밖에 없다는 식으로, 첫인상으로 그 사람을 높게 평가하는 것을 뜻한다.

후광 효과를 비즈니스에 응용해보자. 프레젠테이션, 협상, 고객을 만나는 자리에서 후광 효과를 줄 만한 것과 기획을 연결하면 상대에게 좋은 인상을 남길 수 있다.

'이 디자인을 추천합니다'보다, '이 디자인은 대기업 카탈로그 제작을 맡았던 디자이너가 맡게 돼서 추천합니다'라는 식으로 '플러스 효과가 있는 것'을 내용과 연결해서 설명하면 인상이 달라진다. 상품의 POP 광고를 쓸 때도 '정말 저렴한 발가락 양말!'보다 '○○ 신문, 중년층 건강증진 특집기사에서 소개된 발가락 양말!'이라고 쓰면 후광 효과를 줄 수 있다. 자격, 경력, 직함, 수상 경력, 매스컴 취재, 공공기관의 인증, 상표 등록, 메달, 상장, 유명인과 찍은 사진, 조사 데이터, 추천사 등은 '후광'이 될 수 있다.

단, 옷차림이 단정하지 못하면 부정적인 첫인상을 심어주는 경우도 있으니 주의하자.

 P/O/I/N/T

심리기술
사람은 시각, 직함, 매스컴, 통계, 의료, 학문, 권위 등에 긍정적인 인상을 받는다.

꼭 기억하기
후광 효과가 기대되는 사실을 명함, 영업 자료, 웹사이트에 드러내자.

분위기를 바꾸는
웃는 아기 사진의 효과

 # 아기의 사랑스러움을 광고에 활용하는 법

영국의 심리학자 리처드 와이즈먼Richard Wiseman이 잃어버린 지갑을 돌아오게 하기 위한 조건을 알아보는 실험을 했다. 사람이 많이 다니는 장소에 지갑을 여러 개 놓고 어느 정도의 비율로 돌아오는지 알아봤다. 지갑에는 각각 다음과 같은 사진을 끼워놓았다.

- 귀여운 강아지 사진
- 웃는 아기 사진
- 행복한 가족사진
- 온화한 노부부 사진

여러분은 어떤 지갑이 가장 많이 돌아왔을 것 같은가? (실제 실험은 조금 더 다양한 선택지가 있었지만, 쉽게 설명하기 위해 간략하게 소개한다.) 4가지 선택지 중에서 '웃는 아기 사진'이 들어 있던 지갑이 가장 많이 돌아왔다. 와이즈먼 박사는 결과를 이렇게 분석했다.

사람은 천사같이 웃는 아기 얼굴을 보고 기분이 좋아지고, 그이유는 종족 보존을 위해 아기를 구하고 싶어지도록 진화하고 있기 때문이다. 사랑스럽게 웃는 아기를 보면 자연스럽게 친절한 마음이 생기는 인간의 본성이 지갑을 돌려주는 행동으로 이끌었다는 것이다.

나는 이 사실을 알고 나서 강연할 때 분위기가 다소 굳어 있다고 느끼면 강연을 시작하기 전 스크린에 아기 사진을 띄워놓는다. 그러면 실제로 강연장의 분위기가 부드러워지는 효과를 느낄수 있다.

 P/O/I/N/T

심리기술
사람은 웃는 아기를 보면 기분이 좋아지는 본성이 있다.

꼭 기억하기
부드러운 이미지를 연출하기 위해 아기가 웃는 사진을 준비하자.

같은 상품을 다르게 어필하는
쉬운 방법

평가가치를 내세우는 카피 기술

고객에게 평가가치를 잘 전달하면 상품을 비싸게 팔 수 있다. 평가가치는 이른바 명품에 가까운 가치다. 평가가치는 실적 및 경험, 지명도 등에 따라 변하지만, 기존 상품의 평가가치를 높이는 가장 쉬운 방법이 있다. 이름이나 카피 문구를 바꾸는 것이다.

상품에는 '상품가치'와 '평가가치'가 있다는 것을 앞에서 말했다. 상품이 본래 가지고 있는 가치가 상품가치다. 맥주를 예로 들면 상쾌하게 목을 적셔주고, 맛있게 피로를 풀어주는 알코올음료라는 점이 '상품가치'다. 그리고 고객이 느끼는 가치를 '평가가치'라고 한다. 고객이 부가가치를 느끼는 부분이다. 맥주의 경우, 고객은 '고급스러운 맛, 프리미엄급'이라는 부가가치를 느낄 수 있다.

같은 상품가치를 가지고 있지만 카피 문구에 따라 평가가치가 달라지는 사례를 보자.

예시 1

A 메밀국수 (5,000원)

B 신주信州산 풍미 가득한 메밀가루 100% 사용. 점장님이 매일 새벽 3시부터 직접 반죽해 면을 뽑고 있습니다. (1일 50그릇 한정, 메밀국수 8,000원)

예시 2

A 하기야키 찻잔 (2만 원)

B '하기의 일곱 가지 변화'(萩の七化, 가마에 구울 때 시간이 지나면서 도자기 색이 일곱 번 변한다고 해서 이름 붙은 야마구치현 특산물) 전통을 지켜온 가마에서 구운 하기야키 찻잔(4만 원), 쓰면 쓸수록 색이 변하는 환상의 도기!

예시 3

A 인기 있는 고구마 소주 35,000원

B 점장님만 알고 있는 환상의 고구마 소주 10병 한정! (7만 원)

이미 상품이 많이 알려져 있고 브랜드의 힘이 있으며 실적이 있다면 카피 문구를 바꿀 필요는 없다. 하지만 상품가치가 분명히 있고 다른 회사 상품과 비교했을 때도 결코 가치가 뒤떨어지지 않는데 매출이 오르지 않는다면, 평가가치를 앞에 내세우는 방법을 써야 한다.

앞으로의 고객은 자신의 개성 및 취향에 맞는 상품을 수많은 상품 가운데서 찾을 것이다. 따라서 고객의 눈에 띄기 위해 카피 문구로 상품이 가지고 있는 차별화된 매력을 강조해야 한다.

 P/O/I/N/T

심리기술
사람은 자기 개성에 맞는 평가가치를 보고 상품을 선택한다.

꼭 기억하기
상품의 우위를 확실히 나타내줄 만한 카피 문구를 생각해보자.

카피 문구는 주의를 끌고,

잠재고객을 모으는 데 목적이 있다.

타깃을 좁혀라. 그리고 고객이 '저건 내 얘기야!'라고

생각할 카피 문구를 써라.

3장

상대에게
호감을 사서 친해지는
심리 마케팅 기술

"호감도를 높이려면 만나는 횟수를 늘려라"

얼굴을 계속 마주치는 게
중요한 이유

빈도 + 거리 + 지속 시간 + 강도 = 사람의 호감도

이 공식은 잭 셰이퍼, 마빈 칼린스의 《호감 스위치를 켜라》에 나오는 공식이다. 다른 사람의 호감을 얻을 수 있는 이 공식을 활용했더니 참여 중인 운동 모임에서도 친구가 많이 생겼다. 당신도 이 공식을 이용하면 사람을 대하는 일에 자신감이 생길 것이다.

먼저 '빈도'부터 살펴보자. 나는 사람을 만날 때마다 짧게라도 말을 걸려고 노력한다. "안녕하세요!", "오늘 날씨가 좋네요" 같은

말이다. 굳이 대화를 나누지 않아도 괜찮다. 마주칠 때마다 웃거나 가볍게 인사만 해도 마주치는 횟수가 늘어나 친근감이 생긴다.

다음은 '거리'다. 만나는 횟수가 늘면 상대와의 거리를 좁힌다. 마음의 거리는 물리적 거리에 비례한다. 물리적 거리를 좁히면 친해질 수 있다.

그리고 '지속 시간'이다. 만나는 횟수를 늘리고 거리를 좁힌 다음에는 대화의 길이를 신경 쓴다. 뒤에서 소개할 '페이싱', '미러링', '백트래킹' 기술로 조금씩 대화 시간을 늘려보자.

마지막으로, '강도'를 더하라. 대화를 길게 할 수 있게 되었다면 다음에는 강도를 생각한다. 예를 들어, 함께 요가 수업을 듣는 사이라면 자세를 확인해주면서 커뮤니케이션의 강도를 높여보자.

호감도를 올리기 위해서 가장 중요한 것은 '횟수'다. 얼굴이 계속 마주치면 상대에게 호의를 갖게 된다는 실험 결과도 있다. 상대의 시야에 들어가는 횟수를 늘리는 일이 중요하다. 대화하지 않는다고 시무룩하거나 찌푸린 얼굴을 하고 있으면 안 된다. 가볍게 웃는 정도로도 좋다.

 P/O/I/N/T

꼭 기억하기
상대에게 호감을 얻기 위해서는 대화 시간보다 횟수가 중요하다. 서두르지 말고 만나는 횟수를 늘린 후 거리를 좁히자.

소통 만렙처럼
보이는 기술

인간 심리를 활용한 소통법

나는 강연 전에 하는 것들이 있다. 이것들을 하면 강연 분위기가 달라지는 것을 느낄 수 있다. 원활한 소통으로 이끄는 심리기술을 소개하겠다.

① 노출 효과

보고, 만나는 횟수가 많아지면 호감도가 올라가는 현상. 강연 전 사전 미팅 때, 상대방에게 좋은 인상을 주기 위해 일부러 5번 이상 마주치려고 한다.

② 단순 접촉 효과

4번 이상 마주치면 호감과 신뢰가 생기는 효과. 노출 효과의 좋은 점은 '단순 접촉 효과'에도 긍정적인 영향을 미친다는 것이다. 강연 날에 처음 담당자를 만나더라도 원활한 소통을 할 수 있게 된다.

③ 유사성의 법칙

취미, 생각, 환경이 비슷한 사람끼리 친해지는 현상. 담당자와 실제로 만나 인사를 할 때는 서로의 공통점을 찾는다. 자연스럽게 대화할 수 있다.

④ YES 유도 화법

'YES'를 끌어내는 화법. 대화 속에 "오늘은 날씨가 참 좋네요", "벌써 3월이네요" 같은 말을 군데군데 집어넣는다. 부정할 수 없는 사실을 말해 'YES'를 얻기 위해서다.

⑤ 접촉 효과

신체 접촉을 하는 사람에게 호의를 갖는 현상. 이른 시각에 강연장에 오신 참석자분들과는 명함을 교환하고 악수를 한다.

⑥ 근접 원칙

가까운 자리에 있는 사람끼리 친해지는 현상. 앞쪽에 앉아 있는 분에게도 인사를 한다.

⑦ 자이언스 효과

낯선 사람에게는 차갑지만 익숙한 사람에게는 호감을 느끼는 현상. 강연 전에는 몇 번 단상에 올라가 책상에 있는 컴퓨터를 만진다. 그러면 참석자들에게 내 얼굴을 알릴 수 있다.

이 정도 작업을 해두면 강연은 부드럽게 진행되고 분위기도 좋다. 참석자들과의 소통은 강연 전에 거의 다 이루어지는 것 같다는 생각도 한다.

이런 효과를 강연에만 써먹을 수 있는 것은 아니다. 상담, 접객, 프레젠테이션하는 자리 등에도 적용할 수 있다.

비즈니스를 하는 자리에 있는 사람과 나는 완전히 다른 사람이다. 그 사실을 잊은 채 다짜고짜 소통부터 하려고 하면 마찰이 생길 수밖에 없다. 내 의견과 주장을 받아들여주길 바란다면 상대를 이해하고, 상대의 이해를 받을 준비가 돼 있어야 한다.

 P/O/I/N/T

심리기술
만나는 횟수나 악수 등 소통을 원활하게 만드는 기술이 있다.

꼭 기억하기
소통하는 자리에서 심리기술을 유연하게 활용해보자.

호감도를 올리는
'2 : 8 / 5 : 8의 법칙'

계약률을 높이는 영업 방법

영업할 때 가장 두려운 것이 고객의 거절이다. 자료, 멘트까지 미리 열심히 준비했는데 고객의 반응이 차가우면 힘이 빠진다. 영업에도 기술이 필요하다. 더 이상 거절당하지 않기 위해 기억해두면 좋은 법칙이 있다. 바로, 어느 유명한 경영 컨설턴트에게 배운 '2 : 8 / 5 : 8의 법칙'이라는 영업 철칙이다.

신규 고객을 모을 때, 고객을 2번 찾아가놓고 '이 고객은 가망이 없어'라고 포기하는 영업사원이 80%지만, 포기하지 않고 5번 찾아가는 영업사원은 80% 비율로 계약을 따낸다는 법칙이다. 5번이나 고객을 찾아가기는 쉽지 않지만, 이 법칙에는 함정이 있다. 고객에게 거절당하지 않아야 한다는 것이다.

거절당하지 않으려면, 5번 방문할 때까지 일부러 영업하지 않아야 한다. 즉, 상품 설명을 하지 않는 것이 중요하다.

이것과 관련된 심리학 실험이 있다. 여학생을 A, B, 두 그룹으로 나눈 후, A그룹에는 일주일에 한 번씩 4주 동안 같은 남학생 사진을 계속해서 보여준다. 그리고 매주 그 남학생에 대한 호감도를 조사한다. B그룹에는 일주일에 한 번씩 4주 동안 매일 다른 남학생의 사진을 보여준다. B그룹도 매주 그 남학생에 대한 호감도를 조사한다.

조사 결과, A그룹의 여학생은 그 남학생에 대한 호감도가 매주 상승했지만, B그룹의 여학생은 사진 속 남학생에 대한 호감도가 거의 변하지 않았다.

이 실험으로 반복된 만남은 상대의 매력이나 호감에 영향을 미친다는 것을 알 수 있다. 이것을 '단순 접촉 효과'라고 한다. '2 : 8 / 5 : 8의 법칙'처럼 이 실험에서도 사람은 처음 만나는 상대에게 네 번 이상 얼굴을 보여주면 신뢰도와 호감도가 올라간다는 것을 알 수 있다.

'2 : 8 / 5 : 8의 법칙'을 비즈니스에도 적용해보자.

다음을 참고하라.

첫 번째 방문 : "팸플릿만 두고 갈게요. 괜찮으면 봐주세요."

두 번째 방문 : "근처에 온 김에 인사만이라도 하려고 왔습니다. 오늘 도 날씨가 참 좋죠?"

세 번째 방문 : "오늘은 덥네요. 시원한 음료를 가지고 왔으니, 괜찮다 면 드세요."

네 번째 방문 : "우연히 귀사와 관련된 기사를 발견해서 갖고 왔습니다."

다섯 번째 방문 : "오늘은 배우고 싶은 것이 있어서 왔어요."

핵심은 거절당할 가능성을 차단해두고 자주 방문하는 것이다. 서서히 상대에게 다가가서 나에 대한 경계를 낮추게 한다. 처음부터 상품 설명을 하지 말고, 호감도와 신뢰도를 먼저 쌓자.

 P/O/I/N/T

심리기술
고객을 5번 이상 방문한 사람이 전체 계약의 80%를 따낸다. 첫인상이 좋다면 만나는 횟수가 늘어날수록 호감도와 신뢰도가 올라간다.

꼭 기억하기
신규 고객을 모을 때는 적어도 5번 이상 방문하는 계획을 세우자.

상대의 '눈, 입, 몸'을 의식하라

이야기를 잘 들어주는 법

지금은 수많은 청중 앞에서 자신 있게 강연하지만, 20대 때는 다른 사람과 대화하는 일도 어려워했다. 업무상 고객을 대할 때도 대화를 이어가지 못했다. 이제는 대화를 비롯한 모든 소통에 자신이 생겼다.

비결은 바로 '눈, 입, 몸'을 의식하는 대화기술이다.

먼저 '눈'이다. 예전에는 상대방의 눈을 보면서 이야기하는 것이 어려웠다. 눈을 보면서 이야기하면 상대방도 나를 보기 때문에 긴장이 된다. 그럴 때 상대가 눈을 깜박인 횟수를 센다. 그러자 신기하게도 상대의 눈을 보고 있어도 별로 긴장하지 않게 되었다. 눈을 별로 깜박거리지 않는 사람의 경우에는 속눈썹이나 눈썹 수를 센다. 그러면 자연스럽게 몸을 앞으로 숙이게 되고 상대방의 이야기를 진지하게 듣는 모습으로 보여 대화도 더 활발하게 이루어진다.

다음으로 '입'이다. 대화할 때는 맞장구를 치는 일이 굉장히 중요하다. 동시에 상대의 말을 따라 하면서 동조하려고 한다. 예를 들어 상대방이 "어제, 영화를 보러 갔는데요"라고 말하면 "아, 영화를 보러 가셨군요"라고 동조하는 것이다. 이것은 '백트래킹 Backtracking'이라는 소통의 기본적인 기술 중 하나다.

그리고 '몸'이다. 상대방이 이야기하면서 하는 행동을 따라 하면 거리감을 좁힐 수 있다. 예를 들어 상대가 창밖을 손가락으로 가리키며 "딱 저 부근이에요"라고 말하면 나도 같은 방향을 손가락으로 가리키며 "아, 저 부근이군요"라고 말한다.

즉, 상대의 말과 행동에 눈과 입 그리고 몸을 모두 써 집중해서 당신의 말을 듣고 있다는 자세를 취하라는 것이다. 누구나 자신의 이야기를 잘 들어주는 사람을 좋아하는 법이다.

 P/O/I/N/T

꼭 기억하기
상대방의 이야기를 들을 때는 눈, 입, 몸을 모두 써보자. 계속하다 보면 이야기를 잘 들어주는 사람으로 소문이 날 것이다.

꼭 기억해야 할 3가지 기술,
미러링, 페이싱, 백트래킹

설득력을 높이는 방법

"가장 좋은 설득 방법은 상대방의 마음에 드는 것이다."

이 말은 프랑스의 외교관 프랑수아 드 칼리에르Francois de Callieres 가 남긴 명언이다. 칼리에르는 루이 14세 때 활약한 외교관으로, 여러 중요한 외교 협상을 이끌어 협상의 달인으로 불린 사람이다. 이 말을 잘 기억해두자. 지금부터 소개할 심리기술과 연관이 있는 말이다. 다음은 고객을 처음 만나 이야기할 때 쉽게 적용할 수 있고, 상대방의 마음에 들 수 있는 심리기술이다.

① **미러링**Mirroring

상대의 겉모습, 자세, 행동, 몸의 움직임을 따라 하는 방법이다. 등을 똑바로 폈는지 구부렸는지, 손이 책상 위에 있는지 무릎 위에 있는지, 다리를 꼬았는지 가지런히 놓았는지, 몸을 앞으로 숙였는지 뒤로 젖혔는지 등을 살펴보고 그대로 따라 한다. 손의 움직임, 목의 각도, 표정, 호흡 등 상대방이 무의식중에 하는 자세나 동작을 그대로 해본다.

② **페이싱**Pacing

상대 목소리의 크기, 속도, 톤, 높낮이, 리듬, 열의, 감정, 호흡에 맞춰서 이야기한다. 상대방이 커다란 목소리로 빠르게 말하는데 내가 작은 목소리로 천천히 말하면 '기운이 없다' 또는 '둔하다'라는 인상을 줄 수 있다. 반대로 안정적이고 조용하게 말하는 사람에게 기운 넘치게 말을 걸면 상대는 당황한다. 상대방의 보조에 맞춰 '왠지 이 사람하고는 호흡이 잘 맞아', '나와 결이 비슷해'라고 생각하게 만든다.

③ **백트래킹**Backtracking

'백트래킹'이란 앵무새처럼 상대의 말을 따라 하는 것이다. 다음과 같다.

- 상대방 마지막 대화의 어미를 반복한다.
- 상대방 대화의 키워드를 사용해 다시 말한다.
- 상대방 대화를 요약해서 말한다.

상대방이 눈치채지 못하게 이런 기술을 활용하면 상대방은 '이 사람하고는 잘 맞는 것 같다'라는 느낌을 받는다.

이 기술의 장점은 바로 실천할 수 있다는 점이다. 사람에 따라서는 효과가 없을 수도 있지만, 내가 직접 경험한 바에 따르면 크고 작은 차이는 있었어도 어느 정도 효과는 있었다.

명의일수록 이 세 가지 기술을 잘 사용한다고 한다. 환자가 증상을 이야기하면 공감하며 환자의 말에 동조하기 때문에 환자는 안심하고 그 의사를 믿게 된다. '이야기를 잘 들어주는 사람'이 되는 것이다.

 P/O/I/N/T

심리기술
사람은 자신과 몸짓, 보조가 맞는 사람에게 호의를 갖는다.

꼭 기억하기
상대방이 무의식중에 호감을 느낄 수 있도록 상대방의 몸짓을 관찰하고 그에 맞추는 연습을 해보자.

상대와 나 사이에
다리를 놓아라

 # 공감을 얻는 대화법

능숙하게 고객의 민원 전화에 대처하는 직원의 이야기를 들은 적이 있다. 그 직원은 전화기 너머의 고객이 흥분해서 화를 낼 때는 자신도 함께 흥분한 것처럼 "그러셨군요! 그건 정말로 죄송합니다!"라면서 상대방의 목소리 톤과 속도에 맞춰 이야기에 공감해주고, 서서히 톤을 낮추면서 상대가 침착하게 이야기하도록 유도해 분노를 가라앉힌다고 한다.

처음에는 상대의 톤과 속도에 맞추고 그 후에 상대를 내가 원하는 방향으로 유도하는 기술을 '페이싱 & 리딩'이라고 한다.

일상 속 대화를 예시로 보자.

"얼마 전에 진짜 재미있는 일이 있었거든?" 들떠서 이야기하는데, 친구가 차가운 표정으로 듣고 있으면 '애한테 말해봐야 재미없겠구나' 싶어서 맥이 빠질 때가 있지 않은가. 하지만 친구가 나와 같은 톤으로 "대박! 무슨 일이었는데? 가르쳐줘!"라고 대답하고, 이야기를 잘 들어주면 기분이 좋아질 것이다.

고객을 대할 때도 마찬가지다. 고객과 심리적으로 좋은 관계를 유지하고 싶다면 기억해둘 것이 있다.

사람은 자신과 비슷한 크기, 톤, 속도로 이야기하는 사람에게 호감을 느낀다. 왠지 나랑 비슷하다는 친근감이 생기기 때문이다.

목소리를 비슷하게 맞추면 상대방은 나를 '나와 호흡이 잘 맞는 사람', '나와 마음이 통하는 사람'으로 느끼는 상태가 된다. 이 상태를 심리학 용어로 '라포Rapport'라고 한다. 라포는 프랑스어로 '다리를 놓는다'라는 뜻이다.

상대와 나 사이에 '다리(라포)'를 만드는 기술은 다음을 참고하면 된다.

- 상대방의 말이 빠르면 나도 빠른 말투로 대답한다.
- 상대방이 손짓, 몸짓을 섞어서 이야기하면 나도 손을 펼쳐서 놀라는 몸짓을 한다.
- 상대방이 조곤조곤 이야기를 시작하면 나도 목소리를 낮춘다.
- 상대방이 밝은 이야기를 하며 웃으면 나도 밝게 웃는다.

- 상대방이 진지한 이야기를 시작하면 나도 신중하게 듣는다.
- 상대방에게 힘든 일이 있으면 나도 함께 고민한다.

이 기술로 먼저 상대방에게 맞춰 마음의 다리(라포)를 만들고 난 후, 서서히 내 원래 말투로 돌아오면 상대방 또한 내 이야기를 잘 듣게 된다.

 P/O/I/N/T

꼭 기억하기
고객을 대할 때는 고객의 목소리 톤에 맞추고 고객의 마음에 공감하며 이야기를 듣자.

처음 만난 사람과는
주파수를 맞춰라

친근감이 생기는 대화법

상대가 나를 친근하게 여기게 하고 싶다면, 내가 상대의 주파수에 맞추면 된다. 대화 속에서 상대방의 톤과 속도를 따라 하는 것이다.

나는 처음 만난 사람과 대화할 때 항상 대화의 '톤'과 '속도'에 주의한다. 상대방의 목소리가 높은 편이면 나도 높은 목소리로 이야기하려고 한다. 낮은 목소리면 나도 낮은 목소리를 낸다. 빠른 말투로 이야기하는 사람이면 나도 평소보다 빠르게 말한다. 천천히 말하는 사람이면 나도 천천히 말하려고 한다. 상대방이 높은 목소리로 이야기하고 있는데 내가 소곤소곤하면 위화감이 생긴다. 또, 그런 사람은 '좀 느린 사람이구나'라고 느낄 수도 있다. 반대로 주위를 배려해서 상대방이 작은 목소리로 이야기하고 있는데 내가 크고 우렁찬 목소리로 대답하는 것도 이상하다. '이 사람은 주위를 신경 안 쓰는 타입이구나. 무신경한 사람인가 보다'라는 인상을 줄 수도 있다.

목소리 톤과 속도로 주파수를 맞추면 맞장구를 치는 것과 같은 효과를 기대할 수도 있다. '왠지 이 사람하고 말투가 비슷해서인지 말하기가 편하네'라고 상대가 느끼게 하는 것이다. 주파수가 잘 맞으면 친근함이 올라간다. 내가 하고 싶은 말은 상대와 주파수가 맞은 다음에 해야 한다.

전화할 때도 마찬가지다. 모습이 보이지 않아도 상대방에 맞춰 대화하면 상대는 무의식중에 친근감을 가지게 된다고 한다. 상대방과 좋은 관계를 맺고 싶다면 처음에 주파수를 맞추는 일이 중요하다.

 P/O/I/N/T

꼭 기억하기
사람과 대화할 때는 의식적으로 목소리의 크기, 속도, 톤, 박자, 그리고 감정을 맞춰보자.

상대가 나와 같은 점이
있다고 느끼게 하라

고객의 호감을 얻는 간단한 방법

"고객에게 좋은 반응을 얻기 위해서는 이름, 좌우명, 출신지, 출신 학교 등 뭐든 고객과 공통점이 있는 담당자가 판매하는 것이 효과적이다."

사회 심리학자 로버트 치알디니는 《설득의 심리학 2》에서 이렇게 말했다. 고객의 호감을 얻어야 할 때, 이 말을 기억해두자.

사람은 자신과 공통점이 있는 사람에게 호감을 느끼는 심리가 있다. 구체적으로 이름, 생일, 나이, 혈액형, 출신 학교, 출신 지역, 취미 등이다. 또 생일이 같은 사람이나 자신과 이름이 비슷한 사람이면 모르는 사람이 부탁해도 승낙할 확률이 높다는 실험 결과도 있다.

자신과 관련이 있는 상대, 유사성이 있는 상대, 공통점이 있는 상대에게 호감을 느낀다는 말은, 당신과 고객 사이에도 '관련성', '유사성', '공통점'이 있다면 고객은 당신에게 호감을 느낄 수 있다는 뜻이다.

고객과 '관련성', '유사성', '공통점'을 찾기 위해 나는 다음과 같은 키워드를 이용한다. 영업할 때 고객과의 대화에 실마리가 되는 키워드들이니 기억해두자.

- 기후, 날씨
- 오락, 취미
- 뉴스, 시사, 경제, 스포츠 뉴스
- 여행
- 가정
- 건강, 몸, 병
- 업무, 일
- 의식주

나 또한 처음 만나는 사람과 이야기를 나눌 때는 이 키워드들을 하나씩 꺼내면서 상대방과의 '관련성', '유사성', '공통점'을 찾는다.

처음 만난 고객, 대화가 자주 끊어지는 사람과 대화할 때 이야기를 계속 이어가기가 힘들어 곤란했던 경험을 한 적이 있다면 이 키워드를 활용해보자. 대화의 계기를 만들기 위해 이 키워드를 순서대로 꺼내어 대화하면 이야깃거리가 없어서 곤란할 일은 없다.

P/O/I/N/T

심리기술
사람은 자신과 관련 있고, 유사성 및 공통점이 있는 상대에게 호감을 느낀다.

꼭 기억하기
이야깃거리가 될 수 있는 키워드를 하나씩 꺼내서 이야기하면서 이름, 출신지, 출신 학교, 생일, 나이, 혈액형, 취미 등 공통점을 찾자.

좋은 첫인상을 주려면
무조건 장점부터 말해라

첫 만남에 좋은 인상을 주는 방법

좋은 인상을 주기 위해서는 첫인상이 중요하다. 이와 관련해 폴란드의 심리학자 솔로몬 애쉬Solomon Asch가 '애쉬의 인상형성 실험'을 했다. 가상 인물의 인상을 표현한 2개의 목록을 보여주면 실험 대상자가 누구에게 더 좋은 인상을 받았는지 대답하는 것이다.

① 지적인, 요령이 있는, 부지런한, 따뜻한, 결단력이 있는, 현실적인, 주의력 깊은
② 지적인, 요령이 있는, 부지런한, 차가운, 결단력이 있는, 현실적인, 주의력 깊은

결과는 ①을 보고 더 좋은 인상을 받았다는 대답이 많았다. 또한 이것과는 별개로 다른 2개의 목록을 보여주고 같은 질문을 했다.

① 지적인, 부지런한, 충동적인, 비판적인, 질투심 많은
② 질투심 많은, 비판적인, 충동적인, 부지런한, 지적인

이 결과에서는 ①처럼 처음에 긍정적인 특성을 먼저 보여주면 상대에게 좋은 인상을 받고, ②처럼 안 좋은 특성을 먼저 보여주면 안 좋은 인상을 받게 된다는 것을 알게 되었다.

사람은 누군가를 만나면 첫눈에 '이 사람은 착할 것 같아', '믿을 수 있을 듯해', '왠지 좀 싫은 느낌인데'라는 어렴풋한 인상을 만들어낸다. 첫인상은 시간이 흐르면서 더 강해지는 경향이 있다고 알려져 있는데, 이것을 '초두 효과'라고 한다.

또한, 첫눈에 '착할 것 같은 사람'이라는 인상을 받으면 그 사람이 실제로 착하다는 것을 확인할 수 있는 정보를 모으려고 한다. 말투, 표정 또는 사소한 동작을 보고 '아, 역시 이 사람은 착하고 친절한 사람이구나'라고 생각해버린다.

반대로 처음에 '성격이 안 좋아 보이는 사람'이라는 인상을 받으면 그 상대가 안 좋은 성격이라는 것을 확인할 수 있는 정보를

모은다. 가령 상대가 좋은 마음으로 한 말도 무언가 꿍꿍이가 있을 것 같다는 생각이 든다.

즉, 사람은 첫눈에 착할 것 같은 사람, 성격이 안 좋아 보이는 사람이라는 느낌을 뒷받침할 만한 정보를 모아 '역시 내 생각이 맞았다'라면서 자신의 정당성을 확인하려는 경향이 있다. 이를 '확증 편향Confirmation bias'이라고 한다.

사람은 첫인상에 약하다. 첫인상이 나중에도 영향을 미치는 법이다. 고객을 처음 만났을 때 나 혹은 담당자에 대한 좋은 인상을 주고 싶다면 장점부터 소개하는 것이 좋다.

 P/O/I/N/T

심리기술
처음에 긍정적인 특성을 먼저 보여주면 상대에게 좋은 인상을 받고, 안 좋은 특성을 먼저 보여주면 상대에게 나쁜 인상을 받는다.

꼭 기억하기
처음 만나는 사람에게 자기 자신을 소개하거나 타인을 소개하는 경우, 먼저 긍정적인 부분부터 말하자(단, 너무 강조해서 자랑처럼 들리지 않도록 주의해야 한다).

한마디를 더하면
첫인상이 달라진다

한마디를 덧붙여서 좋은 인상을 주는 법

별것 아닌 한마디가 처음 만난 몇 분 만에 내 인상을 좌우하고 신뢰도와 호감도를 끌어올리는 열쇠가 된다.

협상이 끝났을 때, "그럼 좋은 대답 기다리겠습니다"라는 말에 한마디 덧붙여 "그럼 좋은 대답 기다리겠습니다. 기대하고 있겠습니다!"라고 말하면 상대에게 강한 인상을 줄 수 있다.

예를 들어 "오늘은 참 감사합니다"보다 "오늘은 참 감사합니다. 귀사가 먼저 제안해주셔서 정말로 영광입니다"라고 하면 어떨까? 기본 인사만 하는 사람이 많기 때문에 한마디만 덧붙여도 인상을 강하게 남길 수 있다. 한마디 덧붙인 후에 악수까지 한다면 심리학에서 말하는 '접촉 효과'가 더해져 신뢰까지 줄 수 있다.

날씨가 좋을 때는 "오늘 날씨 참 좋네요"를 덧붙이면 상대방도 "그렇네요!"라고 대답해준다. 이것은 상대에게 "그렇네요(YES)"를 끌어내는 'YES 유도 화법'이다. YES 유도 화법은 좋은 인상을 주기 때문에 협상력을 끌어올릴 때 자주 이용된다.

"오늘 날씨 참 좋네요. 좋은 강연회가 될 것 같습니다"라고 덧붙이면 상대에게 무의식중에 암시를 걸게 되는 셈이다.

이런 대화법을 '연결 화법'이라고 한다. 좋은 날씨와 좋은 강연회는 사실 아무 상관도 없지만, '좋은 날씨(사실)'와 '좋은 강연(암시)'을 연결하면 상대는 무의식중에 암시를 받아들이게 된다. 소통 능력을 키우고 싶다면 참고하길 바란다.

 P/O/I/N/T

심리기술
처음 만난 상대와 인사할 때 한마디를 덧붙이면 상대의 기억에 강하게 남는다. YES를 유도하면서 암시를 줄 수도 있다.

꼭 기억하기
첫인상은 짧은 시간에 형성된다. 처음 만난 사람에게 할 수 있는 인사 유형을 미리 몇 가지 생각해두도록 하자.

YES를 부르는
악수의 힘

스킨십 효과 활용법

스킨십 효과에 관한 심리 실험이 있다. 길에서 처음 보는 사람에게 "동전 빌려주실 수 있나요?"라고 부탁했다. 평범하게 부탁한 경우 동전을 빌려준 사람은 28%였지만, 상대의 팔을 가볍게 붙잡고 말하자, 무려 47%로 확률이 올라갔다. 또 다른 실험에서도 스킨십 효과가 증명되었다. 결과는 다음과 같다.

- 외모가 좋아 보인다.
- 처음 만나는 사람의 인상이 좋아 보인다.
- 환자의 스트레스가 나아졌다.

오사카가스행동관찰연구소 소장도 《비즈니스맨을 위한 행동관찰 입문》에서 고객의 재방문을 늘리기 위해 해야 할 방법으로 스킨십의 효과를 설명한다.

"잔돈을 건네줄 때 직원의 손이 내 손에 살짝 닿았다. 이 행동에는 유효성을 나타내는 근거가 있다. 고객은 손이 닿았는지 아닌지 확실히 기억하지 못한다. 하지만 손이 닿았을 때 고객의 만족도는 높아진다. 실제로 팁이 늘어났다는 실험 데이터도 있다."

나는 처음 만나는 사람과 악수를 한다. 처음 만나는 사람, 처음 가본 곳에서 보자마자 신뢰를 쌓지 않으면 강연이 시작될 때까지 준비와 회의가 원활하게 진행되지 않기 때문이다.

악수 타이밍은 명함을 주고받은 후가 적당하다. 손을 내밀면 상대도 무의식중에 바로 손을 내민다. 그리고 악수하는 순간, 상대의 표정이 부드러워진다. 악수는 가장 일반적인 스킨십 방법이다. 호감과 신뢰를 주고 싶을 때 시도해보자.

 P/O/I/N/T

꼭 기억하기

협상이나 고객을 만나는 자리에서 악수할 기회가 있다면 적극적으로 하자. 잔돈을 건넬 때는 두 손을 모아서 하자.

내 편을 만드는 간단한 방법

악수의 쓸모

① 눈을 가리고 악수는 하지 않고 말만 한다.

② 악수도, 말도 하지 않고 상대를 본다.

③ 눈을 가리고 말없이 악수만 한다.

당신이라면 세 명 중에서 어떤 사람에게 가장 좋은 인상을 받겠는가? 간바 와타루의 《생존을 위한 심리 트릭》에서는 악수의 쓸모에 관한 실험을 소개한다. ①이나 ②의 방법으로 소개받은 사람에게는 '형식적', '차갑다'라는 인상을 받은 사람이 많았지만, ③의 방법으로 소개받은 사람에게는 '따뜻하다', '신뢰할 수 있다'

라는 긍정적인 평가를 내리는 사람이 많았다.

아이돌이 팬과 악수를 하는 팬서비스를 하는 것도 이유가 있는 것이다. 선거 활동 중인 후보자도 자주 악수를 한다. 정치인은 악수의 쓸모를 경험으로 알고 있는지도 모른다. 그리고 연예인과 정치인이 아니라도 악수로 당신 편을 만들 수 있다.

- 명함을 교환할 때 악수한다.
- '고마워' 또는 '너무 기뻐!'라고 말하면서 손을 잡는다.
- 잔돈을 건넬 때 손에 쥐여준다.

예를 들어 이런 것이다. 이런 행동들은 내가 일상에서 하는 행동이다. 나는 명함을 교환할 때 악수를 한다. 악수는 상대가 거짓말할 확률을 낮춘다는 실험 결과도 있다. '고작 악수'라고 생각할지도 모르지만, 악수는 남들과 다른 강력한 차별화가 될 수도 있다.

 P/O/I/N/T

꼭 기억하기
명함을 교환할 때, 정말로 기쁠 때, 감사를 표현하고 싶을 때는 쑥스러워하지 말고 적극적으로 먼저 악수를 해보자.

상대의 '개인적 거리'에
들어가라

상대와의 심리적 거리를 좁히는 법

우리는 누구나 자기 주변에 눈에는 보이지 않는 나만의 공간을 갖고 있다. 이것을 '개인 공간(퍼스널 스페이스)'이라고 한다. 개인 공간에 타인이 들어오면 불쾌감, 혐오감, 스트레스를 느낀다. 미국의 문화인류학자 에드워드 홀 Edward Hall은 개인 공간을 다음과 같이 4가지로 분류한다.

① 친밀한 거리(0~45cm)

몸이 쉽게 닿을 수 있는 거리. 예를 들어 가족이나 연인 사이의 거리를 말한다. 그 밖의 사람이 이 거리에 다가오면 불쾌감과 스트레스를 느낀다.

② **개인적 거리**(45~120cm)

친한 친구끼리 대화할 때의 거리. 손을 뻗으면 상대에게 닿을 거리다.

③ **사회적 거리**(120~360cm)

상대의 몸에 닿을 수 없는 거리. 상사와 부하가 일할 때의 간격이다.

④ **공공적 거리**(360cm 이상)

큰 모임이나 집회, 강연회 등의 거리. 사람은 비어 있는 전철 좌석에서는 사회적 거리(③) 이상의 공간을 차지하려고 한다. 그리고 자리가 붐벼서 옆 사람과 몸이 닿게 되면 모르는 사람이 친밀한 거리에 있어 스트레스를 받는다.

이것으로 물리적 거리가 심리 상태에 영향을 미친다는 사실을 알 수 있다. 하지만 거리와 심리의 관계는 잘만 사용하면 바람직한 관계를 쌓는 데 도움이 된다.

예를 들어, 고객과 협상할 때는 사회적 거리(120~360cm)를 유지한 채 회의하는 경우가 많을 것이다. 서로에게 친근감이 생기지 않는 경우는 의도적으로 사회적 거리를 벗어나 상대방의 개인적 거리(45~120cm)에 들어가 보면 어떨까?

자료를 들고 옆자리로 이동해 "이것 좀 잠시 봐주세요"라고 말하며 그 부분을 손가락으로 가리키면서 설명하면 상대와의 거리감을 좁힐 수 있다. 또는, 상품을 설명한 후에 "실제로 한번 만져 보세요"라고 말하면서 상대의 손에 상품을 들려주는 것도 상대와의 심리적 거리를 좁히는 방법이다.

 P/O/I/N/T

심리기술
사람은 친해지면 거리감이 줄어든다. 반대로 거리를 좁히면 친해지기 쉽다.

꼭 기억하기
자리를 옆으로 이동하거나, 상품을 손으로 건네주거나, 함께 준비하는 등 상대방과의 거리를 좁힐 수 있는 행동을 적극적으로 해보자.

평소에도 긍정적으로
말해야 하는 이유

호감도를 높이는 방법

특정 상품을 보고 그 상품을 광고한 연예인을 떠올린 경험이 종종 있을 것이다. 출연 연예인과 상품을 연결 지어 무의식중에 떠올리게 하는 것은 TV 광고에서 자주 쓰는 수법이다. 예를 들어 에너지 음료 광고에서 젊은 배우 2명이 산과 바다를 활기차게 뛰어다니는 모습을 봤다고 하면, 일을 하다가 지쳤을 때 '지금 그 음료수를 마셔야겠다'라고 생각하면서 나도 모르게 에너지 넘치던 배우와 음료수가 머릿속에 같이 떠오른다.

용모가 단정한 사람은 인간성도 좋아 보인다. 인간성과 용모는 관련이 없지만 그것을 연결 지어 판단하기 쉽다. 반대의 경우도 있다. 불미스러운 사건을 일으킨 회사 제품은 품질이 안 좋게 느껴지기도 한다.

이렇게 무의식중에 한쪽의 이미지가 다른 쪽의 이미지에 따라가는 현상을 '연합원리'라고 한다. '연합원리'는 평소 하는 말과 그 말을 하는 사람에게도 작용한다.

'큰일이네', '안 되겠다', '망했다' 같은 말을 입버릇처럼 하는 사람에게는 어느새 '늘 안 되는 사람'이라는 인상이 따라붙는다. 그런 사람과 있으면 나까지 의욕이 떨어지기 때문에 주변 사람들은 자연스럽게 그 사람과 거리를 두려고 할 것이다. 블로그나 SNS에도 부정적인 글이 많으면 구독자가 떠나기 마련이다.

사람은 '즐거운 정보'를 가져오는 사람을 좋아한다. "날씨가 좋아서 기분이 좋네요", "만나는 날을 기대하고 있겠습니다", "분명 재미있는 기획이 될 겁니다"와 같이 말하는 데 유의하면서 긍정적인 인상을 남기도록 하자. 당신이 부정적인 이미지로 낙인찍히면 소속된 조직까지 나쁜 인상으로 남을 수 있다.

 P/O/I/N/T

심리기술
평소에 하는 말이 그대로 내 이미지가 된다.

꼭 기억하기
겉모습, 대화, SNS에서는 긍정적인 메시지를 전달하자.

심리 마케팅 기술 056

자주 웃으면
일이 늘어난다

비용 투자 없이 인상을 좋게 만드는 방법

"웃는 얼굴은 한 푼의 비용도 들지 않는 최고의 전략이다."

이 문장은 《객가 대부호의 가르침》이라는 책에 나오는 문장이다. 그야말로 명언이다.

지인 중에 나고야를 거점으로 활동하는 인기 컨설턴트 다카하시 고지 선생님이 있다. 원래 전문학교에서 그래픽 디자인을 가르치는 교사였던 이 선생님은 광고 디자인을 할 때 사람의 눈길을 끄는 사물을 가르쳐주었다.

바로 '정물 → 자연 → 동물→ 사람 얼굴 → 아기의 웃는 얼굴'이다. 오른쪽으로 갈수록 사람들의 눈길을 끄는 효과가 있다고 한다. 광고 전단지나 다이렉트 메일, 웹사이트, SNS에서도 잠재고객의 흥미와 관심을 끌기 좋은 것은 꽃, 음식, 자연 풍경, 동물 사진이 아니라 바로 '사람의 얼굴'이라는 뜻이다. 그중에서도 웃는 얼굴이 가장 좋다고 한다.

사실 나는 30대까지 잔뜩 찌푸린 표정을 짓고 다니는 사람이었지만, 심리학을 배운 뒤로 얼굴을 찌푸리고 다니면 좋을 일이 하나도 없다는 것을 알게 되었다. 그 뒤로는 싱글벙글 웃고 다니고 있다. 그러자 업무 의뢰도 점점 늘어났다. 그리고 다카하시 선생님의 이야기를 들은 후에는 명함, 웹사이트에 웃는 얼굴을 넣고, SNS에도 웃는 사진만 올리고 있다. 그때부터 강연 의뢰도 늘었다. 웃는 얼굴의 효과는 이 정도다.

 P/O/I/N/T

심리기술
사람은 본능적으로 안전한 것을 추구하고 안심하고 싶어 하는 욕구가 있어 무의식중에 웃고 있는 사람에게 다가간다.

꼭 기억하기
베테랑 영업사원 중에는 손거울을 가방에 숨겨놓고 언제나 표정을 확인하는 사람이 있다. 웃는 얼굴은 한 푼의 비용도 들지 않는 최고로 좋은 전략이다.

심리 마케팅 기술 057

항상 매력적으로 보이는
사람의 습관

겉모습을 가꾸는 간단한 방법

매력 있는 사람이 되고 싶다면 거울을 보자. 내면을 키우려면 신념과 의지 그리고 경험이 필요하지만, 겉모습을 매력적으로 유지하려면 거울 하나면 된다.

거울을 많이 보는 사람은 자신이 남에게 어떻게 보이는지를 신경 쓰는 경향이 강한데, 이를 '공적 자기의식'이라고 한다. 공적 자기의식이 강한 사람일수록 자신이 매력적으로 보이도록 노력하기 위해 거울을 자주 본다고 한다. 그리고 그 결과, 정말로 매력적인 사람이 된다. 반대로 거울을 보지 않으면 점차 자신의 모습과 주변에 무관심해지고 결과적으로 무기력해진다는 실험 결과가 있다.

내가 알고 있는 일류 영업사원, 접객 담당자는 늘 거울을 가지고 다니면서 자기 모습을 확인한다. 영업은 사람을 만나는 것이 일이다. 따라서 자기주장이 강하지 않는 것이 매너라고 할 수 있다. 그렇다고 빈틈없이 완벽한 복장을 하기보다는 상대에게 적절하게 맞춘 겉모습도 중요할 때가 있다.

이미 오래전 이야기지만 광고 제작회사를 경영하고 있던 시절, 클라이언트 앞에서 기획안을 발표할 때 영업사원 때처럼 정장에 넥타이까지 갖춰 입곤 했었다. 그런데 알고 보니 당시의 광고 업계는 정장보다는 오히려 업계의 특성에 걸맞은 캐주얼한 복장이 더 크리에이터처럼 보여서 클라이언트들에게 반응이 좋았다.

그 사실을 깨닫고 복장을 바꾼 뒤로 예전보다 계약을 따내는 확률이 높아졌다. 비즈니스 현장에서는 상대방에게 맞춘 '겉모습'이 중요하다는 것을 그때 배웠다.

 P/O/I/N/T

꼭 기억하기
영업사원과 접객 담당자는 거울을 가지고 다니면서 자신의 겉모습을 확인하는 습관을 들이자.

누구나 민감한 감각이
하나씩은 있다

오감의 힘을 빌리는 방법

사람은 시각, 청각, 촉각, 후각, 미각이라는 오감을 사용해 사물을 인식하는데, 오감의 사용법은 사람에 따라 다르다.

어떤 문장을 읽으면서 '그림'이 떠오르는 사람은 다른 감각보다 시각이 더 발달한 것이다. '소리'가 들리는 사람은 청각, '무게 또는 냄새'를 느끼거나 '맛'을 느끼는 사람은 몸으로 느끼는 감각이 발달했다고 할 수 있다.

이처럼 사람은 각각 발달한 감각, 주로 사용하고 있는 감각이 다르다. 때문에, 상품을 설명할 때 상대의 발달한 감각에 맞춘 표현을 사용하면 훨씬 효과가 좋다.

예를 들어, 시각이 발달한 사람에게는 "이 양복은 몸에 딱 붙습니다"보다, "화려해 보입니다"라고 말하는 편이 효과적이다.

청각이 발달한 사람에게는 "틀림없이 친구분도 멋지다고 말씀해주실 것"이라고 설명하는 게 좋다.

몸으로 느끼는 감각이 발달한 사람에게는 상품의 스펙을 자세히 설명하기보다 "손에 쥐고 감촉을 느껴보세요", "한번 드셔보세요", "앉아보시고 고급스러운 감각을 느껴보세요"라고 말해야 진정한 가치가 전해진다. 유형별로 효과가 있는 말은 다음과 같다.

① 시각이 발달한 사람에게 효과적인 표현

보다, 보이다, 바라보다, 밝다, 어둡다, 관찰하다, 불을 밝히다, 비추다, 나타난다, 맑다, 또렷하다, 눈부시다, 뿌옇다, 선명하다, 빛난다, 화려하다.

② 청각이 발달한 사람에게 효과적인 표현

듣다, 말하다, 속삭이다, 상담하다, 노래하다, 외치다, 울리다, 설명하다, 조용한, 소리, 속도, 조화, 울다, 동조하다, 칭찬하다, 귀를 기울이다, 귀에 거슬리다, 리듬감 있는, 북적거리는, 음량

③ 몸으로 느끼는 감각이 발달한 사람에게 효과적인 표현

느끼다, 만지다, 따뜻하다, 차갑다, 파악하다, 붙잡다, 굵다, 쓰다듬다, 밀다, 매끈매끈, 탄탄하다, 건조하다, 촉촉하다.

처음 만나는 사람에게 프레젠테이션하거나 협상하는 경우에는 상대방이 어떤 감각이 발달했는지 알 수 없다. 그럴 때는 세 가지 감각을 섞어서 다음과 같이 말하는 것이 좋다.

'제 설명을 들어보시고(청각), 자료도 읽어보시고(시각), 이 서비스의 우수함을 느껴주시면(몸으로 느끼는 감각) 감사하겠습니다.'

상대가 해당하는 유형을 쉽게 구분하는 법도 있다. 말투가 빠르고 복장에 신경 쓰는 사람은 시각, 상식이 많고 언어에 집착하는 사람은 청각, 느긋한 말투로 편안한 옷을 입는 사람은 몸으로 느끼는 감각이 발달했다고 보면 된다.

 P/O/I/N/T

심리기술
사람은 시각, 청각, 몸으로 느끼는 감각 중 무엇이 발달했는지에 따라 정보를 받아들이는 방식이 다르다.

꼭 기억하기
감각 유형에 따라 상품 또는 서비스의 설명 방법을 바꿔보자.

상대의 생각을 알고 싶다면?
답은 상대의 시선에 있다

상대방의 생각을 추측하는 방법

상대가 무슨 생각을 하는지 도저히 알 수 없어서 답답했던 적이 있지 않은가? 답은 의외로 가까운 곳에 있다. 사람의 시선을 잘 관찰해보라. 눈앞에 있는 사람의 시선이 어디로 움직이는지를 관찰하면 저 사람이 머릿속으로 무슨 생각을 하고 있는지를 알수 있다.

모든 사람에게 해당하진 않지만, 사람은 시선 방향에 따라 머릿속으로 떠올리는 생각이 달라진다고 한다.

이것을 '눈동자 접근 단서Eye Accessing Cue'라고 한다. 구체적으로는 다음과 같다.

- 왼쪽 위로 시선이 움직일 때 – 기억 속에 있는 과거의 시각 이미지 (영상)
- 오른쪽 위로 시선이 움직일 때 – 새롭게 만든 미래의 시각 이미지
- 왼쪽 옆으로 시선이 움직일 때 – 기억 속에 있는 과거의 청각적 기억 (소리나 언어)
- 오른쪽 옆으로 시선이 움직일 때 – 새롭게 만든 미래의 청각적 기억 (소리나 언어)
- 왼쪽 아래로 시선이 움직일 때 – 내적 대화 (과거의 감정 및 기억)
- 오른쪽 아래로 시선이 움직일 때 – 신체 감각

※ 오른손잡이인 경우,
시선의 방향은 상대방 시선의 움직임이 기준

왼쪽이 시선의 방향이고 오른쪽이 시선의 방향에 따라 생각하고 있는 내용이다. 고객의 시선이 움직이는 것을 보고 맞는 방법을 쓰면 고객에게 훨씬 부드럽게 다가갈 수 있을 것이다. 고객의 시선이 위를 향하는 경우가 많다면 그림이나 영상을 상상하고 있을 가능성이 크다. 해당 고객에게는 말로 설명하거나 자료를 읽으라고 하지 말고, 상품의 사진이나 일러스트를 보여주면 설득이 쉽다.

고객의 시선이 좌우로 움직인다면 머릿속으로 청각 정보를 떠올리는 사람이다. 자료를 소리 내어 읽도록 하거나 논리적으로 설명하거나, 아니면 다른 고객의 감상평 등을 들려주면 좋다.

질문이나 대화를 듣고 시선을 아래로 떨어트리는 사람은 몸으로 뭔가를 느끼거나 마음속으로 대화하고 있을 확률이 높다. 그러니 너무 재촉하지 말고 상대에게 생각할 시간을 주는 것이 좋다. 이런 고객에게는 직접 체험하는 방식(시식, 시승, 체험, 참가 등)으로 다가가면 효과적이다.

 P/O/I/N/T

심리기술
시선의 방향을 보면 눈앞의 사람이 머릿속으로 무엇을 떠올리고 있는지 알 수 있다.

꼭 기억하기
고객의 시선의 움직임을 관찰하여 시각(영상)으로 설득하는 것이 좋을지, 청각(말이나 소리)이 좋을지, 몸으로 느끼는 감각(체험)이 좋을지 판단하자.

협상할 때 뜻밖의 단서가 되는
동작 언어

 # 고객의 속마음을 알아차리는 기술

고객을 대할 때 또는 협상할 때 이용할 수 있는 것이 또 있다. 시선을 봐도 알기 어렵다면, 눈, 코, 입, 다리 등을 살펴보자. 상대의 사소한 행동으로 심리 파악하는 법을 소개한다.

① 눈의 움직임

이야기에 관심이 있다면 상대의 시선은 내 머리나 가슴 부근을 중심으로 세로로 움직인다. 관심이 없거나 불안하거나 긴장하고 있을 때는 시선이 좌우로 움직인다.

② 입가

이야기에 관심이 있다면 입이 가볍게 벌어져 치아가 살짝 보인다. 반대로 꽉 다물고 있는 입가는 관심이 없거나 불안 혹은 긴장하고 있음을 보여주는 것이다. 불안과 긴장감의 정도가 심하면 입술은 더 안쪽으로 말려 들어간다.

또한, 손으로 입을 가리거나 손수건으로 자주 입가를 가리면서 이야기를 한다면 거짓말을 감추고 싶다는 심리가 태도에 나타나는 것이다. 손가락으로 입가 및 입술을 긁는 동작도 무의식중에 거짓말을 숨기려는 것이다.

③ 코

거짓말을 하면 사람은 긴장한다. 그러면 목과 함께 코의 점막까지 마르기 때문에 자기도 모르게 손이 자꾸 코를 향한다. 따라서 자주 코를 만지는 경우도 거짓말을 하고 있을 가능성이 크다.

④ 다리

얼굴에서 멀어질수록 무의식적인 행동이 나타나기 쉬워진다. 그러니 발끝 방향에도 주의하자. 발끝이 향하고 있는 방향이 관심이 있는 방향이다. 발끝이 당신이 아니라 문 쪽을 향하고 있다면 빨리 여기를 나가고 싶다는 심리가 드러난 것이다.

또 사람은 불안감, 불쾌감, 공포를 느끼거나 실패를 바로잡으려고 할 때는 '위로 행동'이라고 부르는 동작을 한다.

목 부근을 손으로 만지는 것이다. 여성의 경우에는 목걸이를 만지작거리기도 한다. 이마를 비비거나 자꾸 목이나 볼, 얼굴을 만진다거나 무릎을 문지르는 행동이 위로 행동이다.

사람은 자기도 모르게 많은 것을 알려주고 있다. 고객의 사소한 행동 하나하나가 모두 단서가 된다. 지나치기 쉬운 동작이 뜻밖의 결과로 이끌지도 모른다.

 P/O/I/N/T

심리기술
사람의 속마음은 언어가 아닌 동작에 드러난다.

꼭 기억하기
협상 자리에서는 상대방의 동작을 보고 심리 상태의 변화를 추측하는 연습을 하자.

결론을 말하는 대신
질문형 문장을 던져라

상대를 납득시킬 수 있는 질문법

결정권을 상대방에게 주면 상대방은 상품의 좋은 점이나 이익 등을 생각하기 시작한다. 이것을 증명한 심리학 실험을 보자.

대학생을 모아 배심원 역할을 하게 했다. 그리고 이들에게 한 비행 소년에 관한 이야기를 들려준다. 소년의 이름은 조니. 일부러 한 것은 아니지만 2급 살인을 저질렀다. 실험 내용은 대학생들이 조니의 형량을 정하는 것이다. 그리고 조니를 변호하는 변호사가 그룹에 각각 다르게 이야기한다.

A그룹에는 "조니는 굉장히 온화한 소년입니다"라고 말했다. 반면, B그룹에는 단정 짓는 말 대신 "조니는 온화한 소년이라고 생

각하지 않습니까?"라고 질문을 던져, 학생들에게 판단을 맡겼다.

두 그룹은 각각 어떻게 형량을 정했을까?

후자가 더 짧은 형량을 내렸다. 연구자는 질문형 문장은 결정권을 상대에게 넘겨 상대의 기분을 좋게 하고, 단정적인 표현은 강요하는 인상을 준다고 결론 내렸다.

"이렇게 해", "이건 이거야!"라고 단정적인 말을 들으면 거스르고 싶어질 때가 있다. 가게 점원이 "안 사면 손해입니다. 당장 정하셔야 합니다"라고 하면 거부감이 들지 않겠는가.

이런 경우에는 "이건 정말 좋은 상품이에요!" 대신 "정말 좋은 상품이라고 생각하지 않으세요?"라고 말해 상대가 결정하도록 결정권을 주는 것이 좋다. 단정 짓지 말고 상대에게 어떻게 생각하는지 물어보면 스스로 결정할 수 있다는 만족감을 줄 수 있다.

 P/O/I/N/T

심리기술
질문형 문장을 들은 상대방은 자기 일로 인식해서 생각하기 시작한다.

꼭 기억하기
강요, 명령, 단정을 싫어하는 고객에게는 "~라고 생각하지 않으세요?"라는 질문형 문장을 해서 결정권을 넘기도록 하자.

가장 좋은 것은
고객이 직접 선택한 것이다

선택의 만족감을 높이는 방법

사람은 '자신이 결정한 것, 선택한 것'을 좋은 것으로 생각한다. 이런 심리를 증명하기 위해, 한 심리학자가 사람이 선택할 때 어떤 행동 특성을 보이는지 검증하는 실험을 했다. 복권을 예시로 두 가지 선택지를 제안했다. 선택지는 다음과 같다.

① 실험 대상자가 직접 1달러짜리 복권 한 장을 구매한다.
② 미리 준비해놓은 1달러짜리 복권 한 장을 실험 대상자에게 준다.

두 가지 선택지 중 어느 쪽이 당선될 것 같은지 실험 대상자들에게 질문했다. 양쪽 모두에게 해당 복권을 다시 돈을 주고 사겠다고 하자, ①의 경우에는 9달러에, ②의 경우에는 2달러에 팔겠다고 했다. 이것으로 사람은 타인이 대신 선택해준 것보다 자신이 직접 선택한 것에 가치를 느낀다는 것을 알 수 있다. 이것을 심리학 용어로 '통제의 환상Illusion of control'이라고 한다.

이 심리를 영업이나 협상에 어떻게 적용할 수 있을까? 예를 들어, "이것을 추천해드립니다"라고 하기보다, "어느 쪽이 좋을까요?" 또는 "어느 쪽이 마음에 드시나요?"라고 물어 고객에게 선택할 수 있게 하면 고객의 구매 의욕은 훨씬 높아질 것이다. 음식점에서 자리를 안내할 때도 "이쪽과 저쪽 자리가 비어 있습니다. 어느 쪽에 앉으시겠어요?"라고 물어 고객이 원하는 장소를 정하게 하면 만족도가 높다.

선택지의 숫자에 관한 심리법칙도 있다. 선택지가 3개일 경우에는 가운데를 선택하려고 한다는 심리다. 이것을 '극단의 회피성' 또는 '골디락스의 원리'라고 부른다.

재료가 비슷한 도시락 세 개의 가격대가 다음과 같다면,

A 세트 3만 원

B 세트 25,000원

C 세트 15,000원

대부분 가운데 B 세트를 선택할 것이다. '너무 비싸면 사치스럽고 너무 싸면 싸구려처럼 보이기 때문'이다.

이런 '극단의 회피성'을 업무에 응용할 때 주의해야 할 사항은 선택지를 반드시 3개로 한정해야 한다는 것이다. 4개 이상이면 판단이 어려워 그 자리에서 정할 수 없게 된다. 또, 2개라면 싼 가격이 더 이득이라는 느낌이 들어 비싼 것은 안 팔릴 확률이 높다.

가장 좋은 영업은 "3개의 가격대를 준비했습니다. 어떤 것이 가장 마음에 드시나요?"라고 물으면서 가장 많이 팔고 싶은 상품을 두 번째 가격대로 설정하는 것이다.

 P/O/I/N/T

심리기술
사람은 스스로 결정한 것, 선택한 것이 좋다고 생각하는 경향이 있다.

꼭 기억하기
손님에게 선택지를 제시하고 결정하게 하자.

대화를 이끌어가려면
'5W1H'를 이용하라

 # 대화가 끊기지 않는 질문법

예시 1

"혼자 사시나요?"

"네."

"요리가 참 안 나오네요."

"그러게요."

"이 가게에는 자주 오시나요?"

"네."

"…(침묵)"

예시 2

"이 가게의 요리 중에 뭐가 맛있을까요?"

"여기는 샐러드가 신선해요. 야채 종류가 많고 다 맛있거든요. 직접 산
　지의 농가와 계약을 맺고 매일 아침 배송받는다고 들었어요. 이곳 요리
　를 먹는 것이 제 낙입니다."

"이 가게는 어떻게 알고 오신 거예요?"

"친구가 여기서 생일 파티를 했거든요. 모든 음식이 다 맛있더라고요.
　직원분들도 친절하셔서 좋은 인상을 받았어요. 그 뒤로 한 달에 여러
　번 오게 됐고요."

두 대화를 보자. 첫 번째 대화보다 두 번째 대화가 자연스럽게
이어진다. 이 차이는 어디에서 생긴 걸까?

잡담이나 대화할 때 '열린 질문'과 '닫힌 질문'은 전혀 다른 소통
방식이다. 열린 질문은 상대방이 설명하도록 유도하는 질문 형식
이고, 닫힌 질문은 상대방이 '네'와 '아니요'로만 대답할 수 있는 질
문 형식이다.

대화가 이어지지 않고 자꾸 끊어진다면 닫힌 질문을 많이 했기
때문일 것이다. 반면, 대화를 잘 이끌어가는 사람은 열린 질문을
잘 이용한다. 물론, 열린 질문에도 요령이 있다. 바로 '5W1H'(언
제, 어디서, 누가, 무엇을, 왜, 어떻게)를 생각하고 질문하는 것이다.

다음 예시를 확인해보자.

"언제 그걸 알게 되셨나요?" When

"어디서 만나셨어요?" Where

"누구와 함께 가셨어요?" Who

"무엇을 좋아하세요?" What

"왜 거기 가려고 하셨어요?" Why

"어떻게 그걸 구하셨어요?" How

이런 질문에는 상대방이 '네', '아니요'로 대답하는 대신 질문에 답을 해야 한다. 그래서 대화를 이어갈 수 있는 계기가 된다. 사소한 것 같아도 이 요령을 기억해두면 고객과 즐겁게 대화를 나눌 수 있을 것이다.

 P/O/I/N/T

심리기술
질문과 대답의 방식으로 대화의 내용이 바뀐다.

꼭 기억하기
대화가 끊기지 않게 하려면 열린 질문을 하자.

까다로운 고객은
'삽입 화법'으로 공략하라

사람은 명령과 강요에는 거부감을 느끼고, 의뢰나 부탁에는 귀를 기울이려고 하는 경향이 있다고 한다.

"조용히 해!"

"조용히 해줬으면 좋겠어."

이 문장들은 명령이다. 명령은 때로 상대방의 마음을 불쾌하게 만들어 명령을 거절하는 사람도 종종 있다.

"조용히 해주시겠어요?"

"목소리를 조금 낮춰주실 수 있나요?"

그렇다면 이 말투는 어떨까? 명령 같은 느낌이 들지 않아 부탁을 들어주고 싶지 않나? 이것은 '삽입 명령'이라는 화법이다. 사실 삽입 명령 화법은 모두 '명령(조용히 해라)'을 말하고 있다. 하지만 명령을 질문형으로 바꿔서 전달하는 점이 특징이다.

까다로운 고객이나 협상이 어려운 사람에게도 삽입 명령 화법을 응용한 질문을 하면 효과적이다.

"입어보세요"가 아니라 "한번 입어보시면 어떨까요?", "검토해주세요"가 아니라 "다음 주까지 긍정적으로 검토 부탁드려도 될까요?"라고 말하면서 질문형 문장에 완곡한 요구나 명령을 집어넣는다. 그러면 상대는 '명령'이라는 강압적인 느낌을 받지 않고 자신이 해야 할 행위('입어보기'와 '검토하기')로 받아들이게 된다.

 P/O/I/N/T

심리기술
부탁이나 명령을 질문 형식으로 하면 상대가 거부감을 느끼지 않는다.

꼭 기억하기
"~해주시겠습니까?", "한번 해보지 않으시겠습니까?", "검토해주시겠습니까?"라는 삽입 명령을 대화 속에 넣어보자.

상대에게
거부감을 주지 않는 화법

고객을 의도하는 대로 움직이는 방법

"지금부터 여러분의 비즈니스에 도움이 될 정보를 말씀드릴 테니 내일부터 바로 활용해보시기 바랍니다."

이 화법은 '전제'라고 부르는 기술을 사용하고 있다. 이 말을 듣는 사람은 '활용하길 바란다'라는 말에만 집중하지만, 사실 이 문장은 무의식중에 '지금부터 하는 이야기는 비즈니스에 도움이 된다'라는 것을 전제로 깔고 있는 화법이다.

"조금 어려울 수도 있는데, 지금은 모르셔도 됩니다"라는 말도 '지금은 몰라도 나중에 알게 된다'라는 것을 전제로 깔고 있는 화법이다.

"오늘 말씀드린 내용은 업무에 바로 활용해서 효과를 실감해보시기 바랍니다."

그리고 강연 마지막에 하는 이 말도 청중은 '실감하길 바란다'라는 말을 기억하지만, 사실 '오늘 내가 말한 것은 업무에 효과가 있다'라는 것을 청중의 무의식에 각인시키는 것이다.

사내 연수 강사가 참석자들에게 "자신이 얼마나 성장했는지 깨달으셨나요?"라고 묻는 것은 연수로 '성장했다'가 전제로 깔려 있다. 프레젠테이션 발표자가 "이 서비스에 비용 절감 효과가 얼마나 있는지 궁금하실 텐데요"라고 하면 '비용 절감 효과가 있다'라는 것이 전제다.

이 책의 '프롤로그'에 '효과는 실제 비즈니스 현장에서 실감하게 될 것이다'라고 말한 것도 물론 전제다.

 P/O/I/N/T

심리기술
'전제'의 기술을 사용한 화법은 상대에게 거부감을 주지 않고 내가 전하고 싶은 메시지를 전달할 수 있다.

꼭 기억하기
고객의 구매를 전제로 한 영업 멘트를 몇 가지 미리 익혀두자.

심리 마케팅 기술 066

부탁할 때는
꼭 '이유'를 붙이자

상대의 승인을 쉽게 얻는 방법

부탁할 때 상대의 동의를 쉽게 얻으려면 '이유'를 붙이면 좋다.

예를 들어, '오늘은 술 한잔하러 가고 싶은 기분인데'라는 생각이 들었다고 해보자. 이때 동료에게 "오늘은 한잔하고 올게!"라고 말하는 것보다, "오늘은 친구가 불러서 한잔하고 올게!"라고 말하면 말할 때 덜 구차하고 동료의 이해를 구하기도 쉬울 것이다. '친구가 불러서'라는 아무래도 좋은 이유라도 내 행동을 정당화하는 이유가 된다. 이 사실을 증명한 심리학 실험을 보자.

실험 대상자가 복사기를 쓰려고 순서를 기다리고 있는 줄에 끼어들면서 세 가지 패턴으로 부탁한다.

① **요구만 전달하는 패턴**

"5장이니까 먼저 복사해도 될까요?"

② **진짜 이유를 붙여서 전달하는 패턴**

"5장인데요, 지금 너무 급해서 그러는데, 먼저 복사해도 될까요?"

③ **아무래도 좋은 이유를 붙여서 전달하는 패턴**

"5장인데 복사를 꼭 해야 해서요, 먼저 복사하면 안 될까요?"

실험 결과, ①의 승낙률은 60%, ②는 94%, ③은 93%였다.

놀라운 것은 ③의 승낙률이다. "복사를 해야 해서요"는 사실 이유라고 할 수도 없다.

이 실험으로 이유를 붙이면 상대에게 승낙받기가 쉬워진다는 것을 알 수 있다. 따라서 부탁할 때는 그냥 "~해도 될까요?"라고 하는 것보다 "~(이유)라서 그런데, ~해도 될까요?"라고 이유를 붙여 말하는 것이 효율적이다.

"성장기 어린이에게는 칼슘이 꼭 필요합니다(이유). 매일 아침 아이들에게 우유를 주세요!"

"이벤트 기간 중이라서(이유) 이번 주에 계약하시는 걸 추천합니다."

"이 디자인을 추천합니다. 왜냐하면, 20대 여성을 대상으로 한 설문조사에서 1위를 했거든요(이유)."

"주행 거리가 10만km가 안 되니 보상판매 가격이 높은 지금이(이유) 팔기 가장 좋은 때입니다."

"지금이 바로 사셔야 할 때입니다(이유가 안 되는 이유). 꼭 구매하시기 바랍니다."

이런 식으로 말하면 효과를 누릴 수 있다.

 P/O/I/N/T

심리기술
이유가 있는지 없는지에 따라 승낙받을 확률이 달라진다.

꼭 기억하기
"이 상품을 추천합니다. 왜냐하면"이라는 식으로 이유를 넣어 영업 또는 협상을 하자.

원하는 것을 모두 얻으려면
요구를 여러 개로 말하라

요구를 거절하기 어렵게 하는 방법

사람은 두 가지 요구를 한 번에 하면 거절하기 어려워하는 경향이 있다. "마트에 가서 뭘 좀 사다 줘"보다, "자전거를 정리하고 마트에 가서 뭘 좀 사다 줘"라고 하면 거절을 못 한다는 뜻이다. 하나의 요구를 거절하는 건 쉽지만 두 가지 요구를 모두 거절하기에는 미안해서 저항하는 마음이 생기기 때문이다. 그리고 이 예시에는 다음과 같이 4가지 패턴이 있다.

자전거를 정리하는 일을 승낙하고 마트에 가는 일을 승낙
자전거를 정리하는 일을 승낙하고 마트에 가는 일을 거부

자전거를 정리하는 일을 거부하고 마트에 가는 일을 승낙

자전거를 정리하는 일을 거부하고 마트에 가는 일을 거부

이처럼 여러 가지 패턴이 있음에도 두 가지 이상 요구를 했을 때 쉽게 거절하지 못하는 이유는, 일일이 장단점을 판단하는 복잡함을 피하고 싶기 때문이라는 설도 있다.

물론 이 기술은 영업이나 협상 또는 누군가를 가르칠 때도 응용할 수 있다. 시식 장소라면 "한번 먹어보고 가세요"보다, "손에 들고 먹어보고 가세요"라고 말해야 한다. 클라이언트에게 부탁할 때는 "반드시 도입을 검토해주세요"라고 말하는 것보다, "제안서를 읽어보시고 꼭 도입을 검토해주세요"라고 말하는 것이 좋다. 또는 "비용 절감에 효과적인 제안서입니다. 읽어보시고 꼭 도입을 검토해주세요"라고 말하면 앞에서 언급한 전제의 기술까지 활용한 문장이라 가장 효과적이다.

 P/O/I/N/T

심리기술
요구가 하나일 땐 판단이 쉽지만, 요구가 여러 개면 판단이 어려워서 거절하지 못하게 된다.

꼭 기억하기
"A를 하고 B를 해주세요"라는 형태로 요구하도록 하자.

심리 마케팅 기술 068

영업에도
쿠션이 필요하다

영업 성공 테크닉

영업에 참고가 될 만한 영화를 소개하고자 한다. 알파치노 주연의 〈글렌개리 글렌 로스^{Glengarry Glen Ross}〉다.

과거에는 최고의 영업사원이었으나 지금은 한물간 레빈, 불평이 많아서 영업 성적이 안 좋은 모스와 에르노우. 그리고 그 3명보다 월등히 뛰어난 영업 성적을 자랑하는 리키 로마는 뉴욕의 부동산 회사에서 일하고 있다.

알파치노가 연기하는 리키 로마는 바에서 술을 마시다가 카운터 옆에 앉은 전혀 모르는 손님에게 리조트 땅의 부동산 판매에 성공한다. 그의 영업 방법은 다음과 같다.

1단계(라포 형성)

처음에는 일에 관한 이야기는 전혀 하지 않는다. 취한 척하면서 마치 친구에게 이야기하듯이 일상 이야기, 회사 이야기, 여자 이야기 등 사소한 이야기를 계속해서 늘어놓아 상대방의 경계심을 허문다. 심리학에서는 '라포 형성'이라고 하는데, 처음 만나는 상대와 우호적인 관계를 쌓는 단계다. 그는 여기에 상당한 시간을 쏟는다.

처음 만나는 상대에게 갑자기 상품을 설명하면 거절당할 뿐이라는 것을 리키는 잘 아는 것이다. 게다가 리키는 그 대화 속에서 아무렇지도 않게 "병, 주가 폭락, 비행기 사고? 인생에서 그런 걸로 불안을 느껴봤자 아무 소용없다"라고 말하거나 "돈은 모으기만 해서 무슨 소용이 있나, 쌓아만 두면 의미가 없다. 다들 불안하니까 돈을 모으지만, 무덤까지 가지고 갈 수는 없지 않나"라고 말하면서 '불안이라는 감정'을 없애는 대화를 한다.

2단계(상품 설명)

그다음 "주식이나 미술품, 부동산은 그저 기회다. 돈을 버는 기회에 지나지 않는다"라고 말하면서 '부동산은 기회'라는 메시지를 보낸다. 그리고 타이밍을 엿보다 "나는 쓸데없다고 생각하지만, 이것을 봐달라"면서 카탈로그 뒷면을 펼친다.

거기에는 리조트의 풍경이 펼쳐져 있다. 상대방의 눈동자가 커지는 것을 확인한 리키는 다음과 같이 말한다.

"그럼, 이 리조트를 설명해드리죠."

사람은 관심이 있는 대상을 보면 눈동자가 커진다. 그래서 영업할 때는 상대방의 눈을 잘 관찰하는 것이 중요하다. 상대가 관심이 없는 단계일 때 상품 설명을 해봤자 소용없다.

리키는 잠재고객에게 다가가서 눈을 보며 관찰했다. 다른 3명의 영업사원은 잠재고객에게 처음부터 부동산 이야기를 했다. 하지만 처음 보는 사람이 다짜고짜 상품 이야기를 시작하면 듣고 싶어 할 사람은 별로 없을 것이다.

 P/O/I/N/T

심리기술
사람은 처음 만나는 사람을 경계하고, 자기에게 물건을 팔려고 한다는 것을 알게 되면 거절한다.

꼭 기억하기
판매할 때는 먼저 라포(친밀한 관계)를 맺어야 한다.

내가 하는 말이
내 인상을 정한다

미움받지 않는 대화법

"그 회사 사장님이요, 정이 많은 줄 알았더니 사실 사내에서는 하청업체 울리기로 유명하다고 해요."

"A사의 K 부장님은요, 겉으로는 성실해 보이지만, 알고 보면 냉혈 인간 이라는 소문이 있어요."

이 문장을 보고 어떤 생각이 들었는가? 나와 관련이 없는 얘기 라도 들었을 때 기분이 좋진 않을 것이다. 이런 이야기는 대부분 듣는 사람을 찜찜한 기분으로 만든다. 남의 소문을 말하고 다니 는 사람에게는 좋은 인상을 받기 어려운 법이다.

협상 자리에서는 고객에게 제공하는 유익한 정보가 계약의 결정타가 되는 경우가 있다. 물론 정확한 정보여야 한다는 것이 기본 규칙이다. 확실한 증거가 없거나 소문에 불과한 정보를 제공하면 고객을 더 혼란스럽게 할 뿐이다.

미국의 한 대학에서 말이 인상에 미치는 영향을 확인하기 위해 심리학 실험을 했다. 배우를 섭외해서 "그는 동물을 싫어해. 강아지를 발로 차는 걸 본 적이 있다니까. 정말 나쁜 놈이야"라고 다른 사람에 관한 나쁜 소문을 말하고 다니는 장면을 찍어 그 VTR을 실험 대상자들에게 보여주고 감상을 물었다.

공통점은 소문을 말하고 다니는 사람(배우)에게 안 좋은 인상을 받았다는 것이다. 듣는 사람이 '제삼자의 소문을 이야기하는 사람'을 무의식중에 '제삼자'와 동일시하기 때문이다. 이를 '자발적 특징 변환'이라고 한다.

예를 들어 당신이 "그 사람은 늘 웃고 있지만, 사실은 냉정한 사람이에요. 얼마 전에도 무슨 일이 있었냐면요"라고 말한다면, 듣는 사람에게는 무의식중에 당신이 '언제나 웃고 있지만, 사실은 냉정한 사람'으로 보인다는 뜻이다. 눈앞에 없어도 늘 다른 사람을 헐뜯는 말을 하는 사람의 모습이 보이면 또 누군가의 소문을 듣는 게 싫어서 가까이 다가가고 싶지 않은 것도 이런 이유 때문이다.

반대로 긍정적인 이야기를 하는 경우도 같은 법칙이 적용된다.

"그 부장님은 항상 웃고 계시고 참 좋으신 분이에요. 얼마 전에도 이런
배려를 해주시더라고요."
"K 부장님은 고객뿐 아니라 납품업체에도 평판이 좋아요. 일을 잘하는
사람은 누구나 좋아하나 봐요!"
"외모도 그렇지만 그렇게 성실하게 고객을 대하는 사람을 본 적이 없
어요."

이렇게 말하면 듣는 사람은 무의식중에 당신을 '늘 웃고 있는
좋은 사람', '평판이 좋고 일을 잘하는 사람', '성실한 사람'으로 인
식한다.

 P/O/I/N/T

심리기술
사람은 제삼자의 소문을 들으면, 소문을 말하는 사람과 제삼자를 동일시
한다.

꼭 기억하기
소문 이야기는 긍정적인 내용이 아니라면 절대로 하지 말자.

사람에게는
'보답하려는 심리'가 있다

혜택을 베풀어 구매하게 만드는 법

우리는 선물이나 초대, 접대를 받으면 혜택을 받았다고 느낀다. 일방적으로 혜택을 계속 받는 상태가 되면 어딘가 마음이 불편해진다. 불편한 마음을 없애기 위해 나도 혜택을 베풀려고 하는데, 이것을 '호혜성'이라고 한다.

호혜성을 비즈니스에 응용한 것이 '무료 배부', '무료 체험', '샘플', '초대', '모니터', '시식'이다. 슈퍼에서 "맛있는 소시지 한번 드셔보세요!"라는 말에 소시지를 시식하고 나면 왠지 소시지를 사지 않고는 자리를 뜨기가 어렵다. 자녀에게 학원 무료 체험 수업을 듣게 한 후 설명을 들으면 그 학원을 등록해야 할 것 같다. 화장품 매장에서 무료로 메이크업을 받으면 아무 화장품이라도 사야 할 것 같고, 집에서 여는 파티에 초대받아 맛있는 식사를 한 후에 기부 활동에 대한 설명을 들으면 기부를 해야 할 것 같다. 호혜성 때문에 이런 심리 상태가 되는 것이다.

나는 30대 때 컴퓨터 학원을 운영했는데 학원 등록 전 4일간 무료 수업을 연 적이 있다. 키보드와 마우스 조작, 문장 입력부터 간단한 표 계산, 인터넷 조작, 메일 주고받는 법을 모두 무료로 가르쳐주었다. 그 후에 학원 등록 안내서를 나눠주었는데 당시 무료 수업 참가자의 80%가 등록했다. 이것도 '4일이나 무료로 배웠다'라는 마음이 호혜성으로 이어진 것이다. 무료 수업을 체험한 사람 모두가 등록한 건 아니지만 일정 확률로 등록한 것이다.

100%는 아니지만, 혜택을 받으면 판매하는 상품에 반응하는 사람은 반드시 나타난다.

 P/O/I/N/T

심리기술
혜택을 받으면 그 혜택에 보답해야 한다는 생각이 들어 구체적인 행동에 나선다.

꼭 기억하기
상대에게 이득이 될 만한 물건이나 행동을 무상으로 제공해보자.

고객의 앞이 아닌
옆에서 접근하라

심리학을 배우지 않았어도 자연스럽게 심리학 이론으로 설명할 수 있는 능숙한 판매기술을 가진 사람을 만나는 경우가 있다.

강연하러 바다와 접한 동북 지역의 어느 도시에 갔을 때의 이야기다. 강연 후에 주최자인 N씨와 건어물과 안주류를 판매하는 가게에 갔다. N씨가 매장 앞의 건어물을 보고 있으니 옆에서 점원이 다가와 한입 크기의 건어물을 내밀었다.

"이거 한번 드셔보세요!"

N씨와 내가 그것을 입에 넣자 봉지를 내밀며 이렇게 말했다.

"맛있죠? 제일 잘 팔리는 거예요. 이게 지금 드시고 있는 것인데, 만 원이에요."

가격이 의외로 싸서 N씨는 그것을 바로 구매했다. 그러자 점원이 다른 시식 상품을 내밀었다.

"이것도 맛있어서 인기가 많아요."

그 건어물은 처음 샀던 것보다 비쌌지만 N씨는 그것도 구매했다.

두 개의 상품을 팔 수 있었던 기술이 점원의 태도에 숨어 있다. 고객의 정면이 아닌 옆에서 다가왔기 때문에 부담을 주지 않은 것이다. 정면에 서 있으면 판매자와 소비자가 되지만, 옆에서 다가오면 물건을 팔려고 한다는 생각이 들지 않아 긴장감이 없어진다. 그리고 시식으로 '호혜성'이 작용한다.

또, 그 점원의 뛰어난 점은 상품이 싸다고 느낀 N씨가 바로 구매를 결정하자 그 자리에서 처음 구매한 상품보다 조금 더 비싼 상품을 권했다는 것이다. 상대가 받아들이기 쉬운 것부터 제안하는 심리기술인 '풋 인 더 도어'도 작용했다.

 P/O/I/N/T

심리기술
정면이 아니라 옆에 있으면 긴장감이 줄어든다. 공짜로 받으면 보답해야 한다고 생각한다. 처음에 받아들이기 쉬운 것부터 권하면 승낙하기 쉽다.

꼭 기억하기
그 상황에 맞는 심리기술을 생각해 판매에 적용해보자.

끝이 좋아야
다 좋다

 # 처음과 마지막 인상을 좋게 남기는 방법

'고객을 배웅할 때는 일곱 걸음 나가야 한다.'

방송에도 나온 적이 있는 유명한 가게의 사장님에게 배운 이 말은, 고객이 돌아갈 때는 그 자리에 서서 배웅하지 말고 일곱 걸음 고객과 함께 나가서 마지막까지 배웅하라는 뜻이다.

그 가게에서는 상품을 산 고객이 차를 타고 돌아갈 때, 종업원이 고객의 뒤를 따라 나가서 주차장에서 나온 차가 가게 앞을 돌아 완전히 보이지 않게 될 때까지 크게 손을 흔들며 배웅해준다. 유명한 가게들의 공통점 중 하나가 마지막까지 인상이 좋다는 점이다. 심리학에서는 '친근 효과'라고 한다.

마지막에 한 경험이 더 인상에 깊게 남기도 하고 더 많은 영향을 미치기도 한다. 다음과 같은 경험을 한 적이 있지 않은가? 멋진 레스토랑에서 맛있는 식사를 하고 꽤 만족스러웠는데, 마지막에 계산할 때 직원이 불친절해서 가게의 인상이 나빠지는 경험 말이다.

상당히 느낌이 좋은 영업사원과 회의를 했는데 그 사원이 마지막에 문을 쾅 하고 닫고 나가버리면 안 좋은 인상을 남기게 된다. 이런 일이 없도록, 일류 영업사원일수록 회의가 끝나 회의실을 나갈 때까지 방심하지 않는 법이다.

또 기억해두면 좋은 것이 있다. 첫인상이 중요한 것은 '초두 효과'다. 그리고 마지막까지 인상이 중요한 건 '친근 효과'다.

 P/O/I/N/T

심리기술
사람은 마지막 인상의 영향을 쉽게 받는다.

꼭 기억하기
배웅은 고객의 모습이 보이지 않을 때까지 하자. 회의나 협상 또는 접객 자리에서는 마지막까지 방심하지 말자.

이성보다
마음을 건드려라

잠재의식을 자극하는 기술

　오카야마시에 강연하러 갔을 때 고라쿠엔(後楽園, 일본의 3대 정원 중 하나)에 들렀다. 정원 안의 가게에서 파는 '말차와 경단 세트'가 싸다고 생각해서 그 세트를 주문했다. 경단을 먹고 있으니 직원이 "이건 서비스입니다!"라고 말하며 수수경단 2개를 작은 접시에 놓았다.

　직원은 곧이어 "괜찮다면 선물로 사 가세요!"라고 말하면서 '이 수수경단은 최우수상을 받았습니다'라고 적힌 상장을 가리켰다. 그리고 "이 수수경단은 여기서밖에 안 팔아요"라는 말을 덧붙였다. 나는 결국 선물로 2상자를 샀다.

처음에는 3,000원짜리 말차 세트로 시작했는데 결국 수만 원짜리 선물을 산 셈이다. 작은 것을 제공한 후에 큰 것으로 유도하는 판매 흐름이 이루어진 것이다. 이것에는 '풋 인 더 도어'가 작용했다(작은 부탁으로 승낙을 얻은 후 큰 부탁으로 연결했다).

또한, 처음에 작은 경단이 접시에 3개 나왔지만, 나중에 '서비스'로 2개를 더 받았기 때문에 이득이라는 생각이 들었다. 이것은 '이게 다가 아닙니다' 이론으로 설명할 수 있다. 사은품이나 서비스 또는 혜택은 '상품을 소개한 뒤'에 제공해야 이득을 본 느낌이 든다는 심리 이론이다(홈쇼핑에서 상품을 설명한 후에 사은품을 소개하는 방식과 같다).

게다가 "우리 수수경단은 최우수상을 받았어요"로 '권위 효과'가 작용했고 "이 수수경단은 여기서밖에 안 팔아요"로 '희소성'에 약한 인간 심리를 자극했다. 이런 심리가 모두 맞물려 구매에 이르게 된 셈이다.

사람은 '마음'으로 행동한다. 그리고 잠재의식 속의 마음은 관심을 끄는 물건, 희소성, 권위 등에 영향을 받기 쉬운 법이다.

 P/O/I/N/T

심리기술
사람은 상품을 구매할 때 분위기, 수량, 금액, 사은품, 권위 등 여러 가지 요소에 영향을 받는다.

나도 모르게 구매하게 만드는
그 한마디

#바로 매출을 두 배로 높이는 방법

일상생활 속 사소한 한마디가 매출을 좌우한다. 일주일에 한 번은 꼭 가는 중국집에서 이 말을 확인한 적이 있다. 옆 테이블에 가족 손님이 앉아 있었다. 그중 가장 나이가 많은 사람이 직원에게 "만두 추가할게요"라고 말하자 직원이 손님에게 물었다. 그리고 손님은 잠시 생각하더니, 한 접시가 아니라 두 접시를 주문했다. 매출을 바꾼 한마디는 바로 이 말이다.

"만두는 한 접시면 되시겠습니까?"

한마디를 했을 뿐인데 주문이 두 배가 될 확률이 올라갔다. 이 멘트가 대단한 이유는 고객이 '영업을 당하고 있다는 사실을 눈치채지 못한다'라는 것이다.

적의 탐지기에 걸리지 않게 적지에 침입한다는 뜻의 '언더 더 레이더Under the Radar'라는 말을 잘 기억해두자. 고객은 직원의 한마디를 듣고 무의식중에 '한 접시로는 부족하려나?'라고 생각하게 된 것이다. "만두는 두 명이 한 접시로 부족해요. 두 접시를 주문하시는 건 어떠세요?"라고 말하는 것과는 인상이 크게 다르다. 별 것 아닌 것처럼 보이지만 고객에게 거부감을 주지 않고 구매를 유도하는 기술이다.

예전에 열차 고객을 상대로 상품을 판매해 높은 매출을 올리는 직원에게도 비슷한 얘길 들었다. 직원에게 들은 말은 이것이다.

"예를 들어 손님이 선물로 화과자를 산다고 하면요. 회사용 선물일 가능성이 커요. 그때 '가족에게 줄 선물은 필요 없으신가요?'라고 물으면 '아, 그렇네요… 그럼 한 상자 더 주세요'라고 말씀하시는 분이 많답니다."

 P/O/I/N/T

꼭 기억하기

"하나로 괜찮으시겠어요?", "단품으로 괜찮으시겠습니까?" 등 고객의 무의식을 자극해 선택을 유도할 수 있는 말을 몇 가지 준비해두자.

누구나 자신의 이야기를 잘 들어주는 사람을 좋아한다.
상대의 말과 행동에 눈과 입 그리고 몸을 모두 써서 집중하라.
당신의 말을 듣고 있다는 자세를 취하라.

4장

모두를 사로잡는
프레젠테이션 노하우
11가지

"어떻게 해야 프레젠테이션을 '잘' 할 수 있을까?"

상대를 설득하는
최고의 무기

고개를 숙이고 안짱다리로 서서 구부정한 자세로 말하기

vs

다리를 어깨너비로 벌리고 서서 시선을 들고 가슴을 펴고

양손을 크게 벌리며 웃는 얼굴, 큰 목소리로 말하기

둘 중 누구의 말이 잘 들릴까? 누가 보더라도 후자가 말하는 내
용이 상대에게 더 잘 전달될 것이다.

'자신감을 가지고 표현하기'는 상대를 설득하기 위해 가장 필요
한 조건이다. 전 미국 대통령 버락 오바마$^{Barack\ Obama}$도 대통령까

지 올라갈 수 있었던 과정에서 배운 가장 중요한 것이 '늘 자신감을 가지고 행동하는 것'이라고 말했다.

말이야 쉽지만, 평소 늘 자신감을 가지고 행동하기란 쉬운 일이 아니다. 나도 20대부터 30대 무렵에는 자신감이 없어서 사람들 앞에서 말하는 것을 어려워했다. 그때는 열심히 일하고 많은 사람에게 인정받으면 자신감이 생길 줄 알았지만, 일에서 성과를 내도 좀처럼 자신감이 생기지 않았다.

이 문제를 극복하기 위해서 '모델링'을 이용하면 좋다. 모델링이란 목표로 삼은 사람 또는 이상적이라고 생각하는 사람을 흉내 내는 것이다. 겉모습부터 시작해도 좋다. 목표로 삼은 사람 또는 이상적인 사람을 머릿속에 떠올리면서 그 사람의 말투, 행동, 손동작, 몸짓, 표정 등을 따라 해본다. '그 사람이라면 이럴 때 어떻게 했을까?'를 생각하고 그대로 따라 하는 것이다.

이것을 'DO → HAVE → BE' 사고방식이라고 한다. '행동하고 DO → 소유하고 HAVE → 이상적인 내가 되는 것 BE'이라는 흐름으로, 자기 자신에게 자신감을 가지기 위한 과정이다. 가장 이상적인 것은 빨리 BE가 되는 것, 즉 '이상적인 모습이 되었다고 생각하기 BE → 그렇게 행동하기 DO → 소유하기 HAVE'라는 흐름을 만드는 것이다.

모델링의 대상은 상사, 선생님, 선배, 좋아하는 연예인, 역사상 인물, 좋아하는 소설 속 등장인물, 만화 주인공 등 누구라도 좋다.

나는 매일 아침, 좋아하는 강사의 동영상을 보면서 말투, 몸동작, 손동작, 행동, 표정 하나하나를 따라 하는 연습을 한다.

강연 전에는 강연장에서 좋아하는 가수의 동영상을 본다. 그 가수가 몇만 명 앞에서 노래하면서 춤추는 모습을 보고, 그 목소리를 듣고, 동작을 따라 하면서 강연장을 걷는다. 몇백 번 반복해서 보고 듣고 흉내를 낸다.

덕분에 지금은 수백 명이 있는 강연장에서도 당당하게 말할 수 있다. 'BE'의 경지에 이르면 프레젠테이션이나 협상에 자신감이 생길 것이다.

 P/O/I/N/T

심리기술
이상적인 인물이 되어보면 자신감이 생긴다.

꼭 기억하기
되고 싶은 사람을 떠올리고 그 사람의 행동을 흉내 내보자.

상상하라,
어느새 돼 있을지니

이상적인 모습이 되기 위한 트레이닝 법

　나는 강연 전에 활발하게 활동 중인 가수들의 동영상을 본다. 그 사람들을 통해 많은 사람 앞에서 활기차게 퍼포먼스를 하는 나의 이미지를 만들어 동기부여를 하기 위해서다.

　이미지가 사람에게 얼마나 영향을 미치는지 알아보기 위해 한 심리학자가 실험을 했다. 대학생에게 어려운 퀴즈를 낸다. 절반의 학생에게 자신이 대학교수라고 상상하게 하고, 나머지 절반은 훌리건(축구 경기장에서 무리 지어 소란을 피우는 관중)이라고 상상하게 했다. 모두 성적이 우수한 학생이지만, 결과는 다음과 같았다.

- 대학교수라고 상상한 학생의 정답률 55.6%
- 훌리건이라고 상상한 학생의 정답률 42.6%

행동의 결과는 상상만으로도 큰 영향을 받는다는 것이 드러났다.

중요한 협상, 프레젠테이션, 계약 전에 '내가 되고 싶은 사람'을 상상하면 결과에 영향을 미칠 가능성이 크다는 뜻이다. '내가 되고 싶은 사람'의 예로, TED의 회장이 당당하게 발표하는 모습을 보고 그렇게 행동하는 내 모습을 상상하면 심리적으로 영향을 받아 몸의 움직임이나 태도에 변화를 가져오고, 겉으로 드러나는 에너지와 힘도 변하게 된다. '웃고 있는 자신'을 상상하면 실제 자신도 밝고 쾌활해지는 기분이 들고 입꼬리가 올라가는 것과 같다.

 P/O/I/N/T

심리기술
되고 싶은 사람을 상상하면 스스로 그 사람의 말투와 행동을 흉내 내게 된다.

꼭 기억하기
반드시 따내야만 하는 협상, 프레젠테이션, 계약 전에는 '내가 되고 싶은 사람'을 상상하면서 그 자리를 대하자.

몸의 움직임이
마음의 자신감을 만든다

부담감을 피하는 방법

봄이 되어 탐스럽게 핀 벚꽃을 올려다보면 내 기분까지 맑아진다. 연분홍빛 귀여운 벚꽃을 올려다보면 자연스럽게 얼굴이 위를 향하고 가슴이 펴진다. 그리고, "예쁘다"라고 말하면서 입이 벌어지고 앞니가 보이게 된다. 즉, 위를 올려다보는 몸동작이 기분을 맑아지게 한 것이다.

이것을 '생리학Physiology'이라고 한다.

이것을 응용하면 몸동작으로 감정을 조절할 수 있다. 의식해서 웃는 얼굴을 만들면 마음도 밝아진다. 도전 과제가 있을 때 일부러 강한 의지를 보여주려고 하면 자신감이 솟는다.

바닥에 누워서 별빛 가득한 밤하늘을 보면 내 고민은 참 사소하다는 생각이 들 때가 있다. 이것도 별을 올려다보면서 얼굴을 들고 대자로 누워 가슴을 펴고 양손을 벌렸기 때문에 생리학이 작용한 것이다. 반대로 우울할 때나, 상사 또는 고객에게 혼이 났을 때, 공포를 느낄 때는 고개를 아래로 숙이게 된다.

고개가 밑을 향하면 시선도 떨어진다. 그러면 더 우울해지고 갑갑한 기분이 든다. 이런 상태를 벗어나려면 억지로라도 위를 보고 즐거운 일을 떠올리자. 그리고 눈을 크게 뜨고 얼굴엔 미소를 지어보자. 몸동작으로 기분을 조절하는 것은 협상이나 프레젠테이션 등 부담감이 크게 느껴지는 자리에서 기분을 바꾸거나 강한 동기부여를 원할 때도 사용할 수 있다.

인간은 기분에 따라 그 자리를 좋게도 나쁘게도 바꿀 수 있는 법이라고 대담하게 생각하면 스트레스도 피할 수 있다.

 P/O/I/N/T

심리기술
몸의 움직임이 사람의 마음과 감정에 큰 영향을 미친다.

꼭 기억하기
협상 및 프레젠테이션 등 부담스러운 자리에서는 의식적으로 얼굴을 들고 가슴을 펴고, 등도 똑바로 펴고 다리를 어깨너비로 벌리고 서서 자신 있게 행동하자.

일을 할 때는
보이는 부분에 신경 써라

호감도 소통법

- 말 7%

- 말투, 화법 38%

- 겉모습 55%

이것은 인상, 호감을 결정하는 데 미치는 영향에 관한 '메라비언의 법칙'이다. 결과를 보면 겉모습이나 동작 등 '어떻게 보이는가'가 소통에 중요한 요소가 된다는 것을 알 수 있다.

예전에 6시간짜리 세미나에 참가한 적이 있다. 강사가 계속 의자에 앉아 담담하게 원고를 읽는 스타일이라 후반에는 듣고 있기가 몹시 힘들었다. 정보를 전달하는 사람의 '보이는 모습'에 변화가 없으니 듣는 사람의 몸과 마음도 점점 더 지쳤다. 그래서 나는 강의를 할 때 남에게 보이는 방법, 보이는 모습에 주의해 몸동작을 크게 한다. 보이는 방법은 상대에게 큰 영향을 주기 때문이다. 일할 때는 내용의 질은 물론 남에게 보이는 방법에도 주의를 기울이자. 고객의 반응이 달라질 것이다.

시선의 왼쪽은 과거의 이미지와 시선의 오른쪽은 미래의 이미지와 연결되어 있다는 것도 기억해두면 좋다. 따라서 강연회나 세미나, 프레젠테이션에서 연사가 등장할 때는 '왼쪽에서 오른쪽으로' 이동하는 것이 자연스럽다. 강연이 끝났을 때도 마찬가지다. 좋은 인상을 남기려면 오른쪽으로 나가 미래로 향하는 이미지로 끝내는 것이 좋다.

프레젠테이션에서도 상대 시선에서 오른쪽에 우리 회사 상품을, 왼쪽에 상대의 상품을 놓고 설명하면 우리 회사의 상품이 미래의 이미지가 되고, 상대의 상품을 과거의 이미지로 만들 수 있다.

P/O/I/N/T

꼭 기억하기

비즈니스 자리에서는 고객이 좋은 인상이나 좋은 이미지를 받을 수 있도록 행동하고, 모습을 단정히 하자. 광고 및 기획서에서는 디자인, 도표, 서체, 사진도 신경 써서 준비하자.

극도로 긴장될 때
상대의 시선을 돌리는 간단한 기술

긴장을 푸는 방법 ①

프레젠테이션이나 회의하는 자리에서 시선이 나에게 모일 때 긴장하는 타입이라면 한 가지 좋은 방법이 있다. 의외로 시선 공포증인 사람이 많다. 그럴 때 좋은 방법은 상대의 시선을 흩어지게 하는 것이다.

상대의 시선을 돌리는 가장 쉬운 방법은 '이쪽을 봐주십시오'라고 말하는 것이다. 그럼 듣는 사람의 시선이 말하는 사람의 얼굴에서 떨어져 '이쪽'으로 움직인다.

'이쪽을 보십시오'라고 말하면서 스크린을 가리키면 상대의 시선은 스크린에 비친 화면으로 향한다. 프로젝터를 사용할 수 없는 경우에는 '지금 가지고 계신 자료의 3페이지를 봐주세요'라고 말하면 된다. 그러면 청중의 시선은 자료로 향한다.

또는 이렇게 말해도 된다.

'오늘은 실물을 가지고 왔습니다. 이것을 봐주십시오.'

이처럼 청중의 시선을 흩어지게 하면서 서서히 자신의 평소 모습으로 돌아오도록 하자.

 P/O/I/N/T

심리기술
내가 아니라 다른 사물에 듣는 사람의 시선이 몰리면 긴장이 풀어진다.

꼭 기억하기
이야기를 시작할 때 듣는 사람의 시선이 자료나 프로젝터를 향하도록 미리 준비해놓자.

상대의 머릿속에
그림이 그려지게 말하라

설득력을 높이는 프레젠테이션 기술

'메라비언의 법칙'에 따르면 소통에 영향을 미치는 요소는 겉모습 55%, 말투, 화법 38%, 말 7%다. 내용보다 말투에 신경 쓰면서 대화 속에 '색'을 넣으면 프레젠테이션 또는 협상을 하는 자리에서 설득력에 차이가 생길 것이다.

라쿠고(落語, 방석에 앉은 라쿠고카가 부채를 들고 이야기를 들려주는 일본 전통 예능 장르 중 하나)를 듣고 있으면 이야기에 나오는 주택의 정경이나 음식 모양, 등장인물의 성격 등이 구체적으로 머릿속에 떠오른다. 그때마다 라쿠고카(落語家, 라쿠고를 하는 사람)의 '말로 그림을 상상'하게 만드는 능력에 감탄한다.

라쿠고처럼 비즈니스나 영업 멘트로 상대의 머릿속에 '그림을 상상하게' 할 수 있다면 설득력이 생길 것이다. 어떻게 하면 말로 상대가 그림을 떠올리게 할 수 있을까? 바로 오감을 자극하는 말을 대화 속에 넣는 것이다. 특히 시각을 자극하는 것이 효과적이다. 그렇게 하려면 대화 속에서 색을 표현하면 된다. 예시를 보자.

오늘 아침에 눈이 내렸어요.

변경 후 오늘 아침에 커튼을 열었더니 바깥이 온통 새하얀 눈으로 덮여 있었어요.

후자가 훨씬 전달하려는 풍경이 머릿속에 잘 떠오른다.

이젠 안 되겠어.

변경 후 이젠 안 되겠어, 눈앞이 캄캄해.

역시 후자가 더 실감이 난다.

예쁜 분홍색이에요.

변경 후 활짝 핀 벚꽃 같은 분홍색이에요.

후자가 색의 아름다움이 더 구체적으로 전달된다.

어제 먹은 토마토는 맛있었어.

변경 후   어제 먹은 저녁노을같이 붉은 토마토는 촉촉해서 맛있었어.

후자가 더 상상력을 자극한다.

이 예시를 참고해서 대화에 색을 넣어 말해보자. 생각한 것이
훨씬 잘 전달될 것이다.

 P/O/I/N/T

심리기술
사람은 시각, 청각, 몸으로 느끼는 감각을 통해 정보를 받아들이지만, 시각
으로 정보를 받아들이는 사람의 비율이 가장 높다.

꼭 기억하기
대화 속에 색이나 풍경 묘사를 넣어 영향력을 높이자.

긴장이 심할 때
효과적인 대처법

긴장을 푸는 방법 ②

많은 사람들 앞에서 이야기할 때 긴장해서 바짝 얼어버리는 사람이 의외로 많다. 실수 없이 말을 잘하고 싶은 마음 때문에 긴장하게 되는 것이다.

말을 잘하고 싶고, 실패하고 싶지 않다는 마음이 강하면 긴장하게 되기 때문에, 자의식이 높은 사람일수록 긴장을 잘하는 경향이 있다고 한다. 특히 프레젠테이션, 조례, 회의, 발표회 등의 자리에서 긴장하는 사람이 많다.

사실 나도 심하게 긴장하는 사람이었다. 사람 앞에 서면 심장 박동이 급격하게 빨라지는 일이 자주 있었다. 그 빨라진 박동의 리듬이 느껴져 더 긴장하게 되는 악순환의 연속이었다. 심장 박동수가 빨라지면 머리에 피가 몰리는 상태가 되어서 손발이 떨리고 횡설수설하게 된다.

따라서 긴장을 극복하기 위해서는 심장 박동 리듬이 느려지도록 해야 한다. 어떻게 하면 심장 박동 리듬을 느려지게 할 수 있을까?

어린아이를 달래는 엄마의 손을 떠올려보자.

울면서 칭얼대는 아이를 안심시키거나 진정시키기 위해서 엄마는 자주 아이의 등을 토닥토닥 두드려준다. 느리고 다정한 그 리듬은 아이가 태내에 있을 무렵 들었던 엄마의 심장 소리처럼 느껴진다고 한다. 안정된 엄마의 기분을 따라가는 것이다.

인간은 두 개의 다른 리듬을 새길 수 없다.

두 가지 리듬이 같이 있을 수 없으므로, 바깥에서 안정된 리듬을 받으면 보다 안정적인 바깥의 리듬에 지배당하게 된다. 이 현상을 '인입 현상'이라고 부른다. 인입 현상을 이용하면 사람 앞에서 두근두근 빨라진 심장 박동 리듬을 진정시킬 수 있다.

중요한 자리를 앞두고 심하게 긴장될 때는 다음과 같은 방법을 써보자. 간단하게 시도해볼 수 있는 방법으로, 긴장을 푸는 데 도움이 될 것이다.

- 책상 밑에서도 무대에서도 괜찮으니, 보이지 않는 곳에서 자신의 오른 손으로 왼쪽 손등을 부드럽게, 톡톡톡 느린 리듬으로 가볍게 쳐보자. 어느 정도 시간이 지나면 아이를 달래는 효과가 나타나 긴장이 가라 앉을 것이다.

- 메트로놈처럼 일정한 리듬을 들려주는 스마트폰용 애플리케이션을 사용하는 것도 추천한다. 이런 앱을 다운로드해서 바이브 기능을 사 용하면 일정한 리듬을 손바닥에 전해준다.

  시험 삼아 연설을 해야 하는 날 나도 이런 앱을 사용한 적이 있는데, 손바닥에 전달되는 일정한 리듬을 느끼면서 안정도 되고 말이 빨라 지지 않아서 좋았다.

P/O/I/N/T

심리기술
사람은 바깥에서 전달되는 안정적인 리듬을 느끼면 서서히 안정을 되찾 는다.

꼭 기억하기
사람 앞에서 말할 때 긴장을 풀기 위해 톡톡 일정한 리듬에 맞춰 손등을 두드리거나 스마트폰 앱을 이용해보자.

3명 이상 모이면
큰 힘을 발휘한다

 # 프레젠테이션으로 승률을 높이는 방법

과거의 경험으로 묘한 공통점을 알아차린 일이 있다. 대학에 입학한 직후, 동아리에 들어오라고 홍보하던 선배들은 늘 3~4명이 함께 다녔다. 하루는 어떤 상가 건물에서 교재를 사라는 이야기를 들었는데, 그때도 3~4명에게 둘러싸여 이야기를 들었다. 훗날 사회인이 되어 자기계발 세미나의 체험 코스에 참석했을 때 역시 3~4명의 직원이 와서 정식 코스를 수강해보는 것이 어떻겠냐고 나를 설득했다.

왜 늘 3~4명이었을까? 사실 이것은 심리학으로 설명할 수 있다. 다음과 같은 심리학 실험이 있다.

집단에 실험 대상자 한 명을 넣는다. 그 사람을 A라고 하자. A 이외의 다른 구성원은 모두 연기자, 실험 협력자들이다. 집단에 쉬운 문제를 하나 낸다. 이때 한 연기자가 일부러 '틀린 답'을 말한다. 이어서 다른 연기자들도 계속해서 틀린 답에 찬성한다. 그러면 결국 A는 모두의 답이 틀렸다고 생각해도 마찬가지로 틀린 답을 말하게 된다. 어쩔 수 없이 다른 사람의 의견에 영향을 받는다는 뜻이다.

이것을 '동조 효과'라고 한다. 동조는 찬성하는 사람 수가 3~4명일 때 가장 큰 효과를 발휘한다는 실험 결과도 있다.

20대 무렵 근무한 광고 대리점에는 클라이언트의 회사에 방문할 때면 반드시 3명의 직원과 함께 가던 상사가 있었다. 워낙 뛰어난 분이기도 했지만, 그분이 계약을 따내는 확률은 거의 100%에 가까웠다. 그 상사는 경험상 3~4명으로 이루어진 팀이 유리하다는 것을 알고 있었는지도 모르겠다.

 P/O/I/N/T

심리기술
동의하는 인원수가 3~4명일 때 '동조 효과'는 최대가 된다

꼭 기억하기
중요한 협상, 프레젠테이션은 혼자서 하기보다는 3~4명이 팀을 짜서 해보자.

마지막에 한 번 더 정리하면
기억에 오래 남는다

프레젠테이션에서 설득 효과를 높이는 법

독일 심리학자 헤르만 에빙하우스Hermann Ebbinghaus의 연구 결과에 따르면 인간은 20분이 지나면 42%를 잊어버리고, 1시간 후에는 56%를 잊어버린다고 한다. 이것을 그래프로 그린 것이 '에빙하우스 망각곡선'이다. 에빙하우스도 자료나 보고서 마지막에 한번 더 요점을 짚어주면 기억에 남을 확률이 높아진다는 것을 이야기한다.

또한, 심리학에는 '친근 효과'라는 것이 있다. 먼저 들어온 정보보다 마지막, 즉 가장 현재에 가까운 정보가 기억에 잘 남는다는 이론이다.

예를 들어, 썩 즐겁지 않은 데이트였지만 마지막에 들어간 가게의 음식이 정말 맛있었거나 아니면 재미있는 일이 생겼다거나, 혹은 헤어질 때쯤 생각지도 못한 선물을 받으면 '오늘은 정말 즐거웠어'라고 긍정적으로 하루를 마무리하게 되는 경우가 많다. 이런 사례들이 에빙하우스의 이야기를 뒷받침한다.

예전에 라디오를 듣다가 깨달은 것이 있다. 라디오 프로그램의 진행자가 방송 끝에 오늘 나왔던 초대 손님을 다시 소개하고, 방송 중에 했던 말, 특히 인상 깊었던 이야기를 정리한 후에 프로그램을 마치는 것이다. 그때 이런 생각이 들었다.

'아, 마지막에 정리해주면 기억에 오래 남겠구나.'

나는 그 깨달음 이후 일에서 두 가지를 응용해 실천하고 있다.
첫 번째는 자료나 보고서를 작성할 때, 마지막 장에 지금까지 나왔던 내용 중 중요한 부분을 항목별로 정리해 읽는 사람이 오래 기억하게 만드는 것이다.
두 번째는 어느 유명 강사도 했던 이야기다. 프레젠테이션이나 강연을 한 다음에 그대로 끝내지 않고 마지막에 그날 했던 이야기를 정리해서 보여주는 것이다. 이렇게 하면 강연이나 자료 내용이 청중의 기억에 오래 남을 뿐 아니라 발표한 사람의 인상도 좋게 하는 효과가 있다.

협상이나 프레젠테이션 또는 회의를 할 때는 물론 이야기의 내용도 중요하지만, 그것만으로는 결정적인 무언가가 부족하다고 느낄 수 있다. 그렇다면, 마지막에 다시 요점을 정리해보라. 그것만으로 발표 내용과 발표하는 사람의 인상이 확 좋아질 것이다.

 P/O/I/N/T

심리기술
기억은 시간이 흐르면서 점차 사라지지만 현재와 가장 가까운 일은 기억에 남는다.

꼭 기억하기
협상 및 프레젠테이션, 회의를 할 때는 마지막에 요점 정리를 하자.

심리 마케팅 기술 084

좋은 관계를 맺으려면
위치를 잘 정해야 하는 이유

상대에게 호감을 주는 자리에 앉는 법

　좋은 관계를 맺기 위해서는 장소뿐 아니라 상대와 내가 서 있는 위치 또는 앉아 있는 위치도 중요하다. 비즈니스 코칭을 할 때 클라이언트와 마주 앉기 전에 "제가 여기 앉을까요? 아니면 저쪽에 앉을까요?"라고 물어 상대의 뜻을 확인한다. 말하는 상대가 내 오른쪽, 왼쪽, 정면 등 어디에 앉는지에 따라 느낌이 달라지기 때문이다.

　손님을 대접하는 자리 또는 친해지고 싶은 상대가 있는 자리에서는 다음 원칙을 기억해두자.

- 상대방의 머리 가르마가 있는 쪽에 서거나 앉기
- 가방이나 짐을 들고 있지 않거나, 놓여 있지 않은 쪽에 서거나 앉기

머리카락으로 얼굴을 가리거나, 짐을 들고 있는 쪽은 방어하고 있다는 뜻이다. 그쪽에 앉으면 상대가 나에 대한 경계심을 거두기 어렵다. 상대의 머리 가르마 쪽, 짐이 놓여 있지 않은 쪽이면서 상대와 八자형이 되는 위치가 좋다. L자형이나 옆에 서면 상대와 좋은 관계를 맺을 수 있는 환경이 된다.

하지만 이기고 싶은 사람, 내가 우위에 서야 하는 사람을 만날 때는 해를 등지고 상대의 정면이나 오른쪽에 있는 게 좋다. 해를 등지면 후광이 비추는 듯이 보이고 상대가 내 표정을 읽을 수 없다. '오른쪽에 나설 자가 없다(右に出る者がない, '제일 뛰어나다'라는 뜻)'라는 말에서 알 수 있듯 오른쪽이 왼쪽보다 우월하다는 인식 때문에 상대의 오른쪽에 서면 원하는 효과를 얻을 수 있다.

 P/O/I/N/T

심리기술
정면에 앉으면 긴장되지만, 대각선 앞에 앉으면 긴장을 덜 할 수 있다.

꼭 기억하기
테이블에 둘러앉아서 하는 회의일 경우에는 상대를 정면에서 마주 보지 말고 대각선 앞에 앉도록 하자.

상대의 '필터'에
맞는 단어로 설득하라

사람은 모두 자신만의 필터를 갖고 있다.

조직에서 일하는 방식을 보면 사람의 성격이 드러난다. 리스크를 두려워하지 않고 목적을 향해 돌진하는 적극파가 있다면, 돌다리도 두드려보고 리스크를 줄이기 위해 노력하면서 천천히 목표를 향해 나아가는 신중파도 있다. 전자는 목적지향형이고 후자는 문제회피형이라고 할 수 있다. 즉, 전자는 목적을 지향하는 필터를 갖고 있고, 후자는 리스크와 문제를 회피하는 필터를 가진 셈이다.

'목적지향형'은 목표를 분명하게 정하고 그것을 향해 나아가는 것을 즐기지만, '문제회피형'은 문제가 일어나지 않도록 위험 요소를 없애면서 신중하게 나아가는 것을 선호한다. 전자는 행동부터 해서 문제가 자주 생기고, 후자는 너무 신중해서 기회를 놓칠 수 있다. 두 유형의 옳고 그름을 따지기보다, 이런 필터가 있다는 것을 알아두기만 해도 훨씬 도움이 된다.

예를 들어 목적지향형인 사람에게 "전례가 없으니 그만두자", "위험 요소가 있는지 상황을 지켜보자"라고 하면 설득력이 떨어진다. 반면 문제회피형인 사람에게 "리스크만 생각해선 아무것도 할 수 없으니 일단 움직이자"라고 하면 통하지 않는다.

건설적인 대화를 하기 위해서는 상대의 필터에 맞는 단어를 써서 설명해야 한다.

목적지향형인 사람에게는 '할 수 있다', '쟁취하자', '획득하다' 같은 표현을 사용하면 설득력이 생긴다. 문제회피형인 사람에게는 '피하다', '해결하다', '리스크를 줄이자'라는 표현을 쓰면 이해시킬 수 있다. 구체적인 예시를 보자.

고객이 목적지향형이라면,

"이것만 극복하면 목표가 실현되겠군요."

"신규 고객을 유치하려면 이 시스템을 도입해보세요."

"업계 1위를 차지할 수 있습니다."

같은 설명이 효과적이다.

문제회피형인 고객에게는,

"이 부분을 조정하면 문제가 해결됩니다."
"다른 회사가 끼어드는 것을 피할 수 있을 겁니다."
"이 아이디어를 활용하면 위험 요소를 줄일 수 있습니다."

라는 식으로 말하면 설득할 수 있을 것이다.

모든 사람을 목적지향형과 문제회피형으로 나눌 수는 없지만, 고객이 사용하는 단어를 잘 들으면 어느 유형에 가까운지 알 수 있다. 유형을 파악한 뒤에 해당 고객에게 맞는 단어를 대화 속에 적절히 섞어 사용하면 설득력을 높일 수 있다.

 P/O/I/N/T

심리기술
사람이 일하는 방식은 목적지향형과 문제회피형으로 나뉜다.

꼭 기억하기
목적지향형 사람에게는 '할 수 있다', '쟁취하자', '획득한다', 문제회피형 사람에게는 '피하다', '해결하다', '리스크를 줄이다' 등 각자에게 맞는 단어를 사용하자.

중요한 협상, 프레젠테이션, 계약 전에는
'내가 되고 싶은 사람'을 상상하자.
그 사람처럼 행동하는 내 모습을 상상하면
결국엔 겉으로 드러나는 에너지와 힘도 변하게 된다.
상상하라, 어느새 그렇게 돼 있을지니!

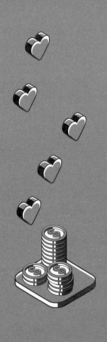

5장

마침내,
상대의 마음을 얻고
매출도 올라간다

"까다로운 고객도 내 편이 되게 하는
심리 마케팅 기술"

칭찬은 내가 아닌
다른 사람의 입을 빌려서 하자

효과 높은 칭찬법

"당신 일 참 잘하네"라는 말을 직접 들으면 기쁘고 한편으로는 겸손한 마음도 생기지만, "부장님이 당신이 일을 참 잘한다고 말씀하셨어요"라는 말을 전해 들으면 순수하게 기뻐할 수 있고, 더욱 마음에 와닿아 기쁨이 두 배가 되는 법이다.

칭찬을 들으면 기분이 좋아진다. 직접 듣는 것도 좋지만 '그 사람이 당신을 칭찬하더라'라고 '전해 듣는' 칭찬은 또 다른 기쁨이 있다. 누군가를 칭찬할 때 그 사람에게 직접 말하는 것을 '레귤러 커뮤니케이션'이라고 한다. 반면 전해 듣거나, 다른 사람이 말하는 것을 옆에서 듣고 그 이야기의 내용에 영향을 받는 것을 '오버하드(주워듣기) 커뮤니케이션'이라고 한다. 그리고 오버하드 커뮤니케이션은 레귤러 커뮤니케이션보다 듣는 사람의 마음에 더 와 닿는다.

당신이 직원이나 고객을 칭찬할 때도 오버하드 커뮤니케이션으로 칭찬하면 상대는 더 기뻐할 것이다.

"네가 있으면 회사 분위기가 밝아져서 좋다고 사장님께서 말씀하시더라."
"점장님께서 항상 그 고객님은 센스가 훌륭하다고 감탄하세요."
"네 덕분에 회사 인간관계가 좋아진 것 같다고 부장님께서 말씀하셨어."

이처럼 상대에게 오버하드 커뮤니케이션으로 전달하듯이 칭찬하면 훨씬 더 원활하게 소통할 수 있다.

 P/O/I/N/T

심리기술
오버하드 커뮤니케이션은 레귤러 커뮤니케이션보다 더 순수하게 받아들일 수 있다.

꼭 기억하기
사람을 칭찬할 때는 오버하드 커뮤니케이션을 활용해보자.

중요한 고객의 부탁은 일단 거절한 다음에 승낙하라

고객이 부탁할 때 효과적인 방법

다음 심리학 실험을 보자. 한 남성이 아름다운 3명의 여성 A, B, C에게 순서대로 데이트를 청한다.

A는 "응, 좋아"라고 대답한다.
B는 "선약이 있어. 하지만 네 부탁이니 시간을 내볼게"라고 대답한다.
C는 "안 돼요"라고 대답한다.

남성이 가장 호감을 느낀 상대는 누구였을까? 정답은 B다.
B는 "데이트하자"라는 말에 처음에는 거절한다. 이 거절로 남자는 자신의 욕구(데이트하고 싶어!)를 억눌러야 한다. 욕구는 거

부당해 갈 곳을 잃는다. 하지만 다음 순간에 'OK'라는 대답이 나왔기 때문에 출구가 없어 길을 잃었던 욕구가 한꺼번에 터져 나온다. 이 순간에 사람은 쾌감을 느낀다.

이 심리를 비즈니스에 응용하면 어떨까? 다음 같은 상황을 생각해볼 수 있을 것이다. 거래처 직원, 고객, 상사 등 중요한 사람이 부탁할 때 효과적으로 부탁을 들어주는 방법이다.

예시 1

Q 다음 주 수요일까지 납품해줄 수 있을까?

A 좀 어려울 것 같은데요. 하지만 사토 씨가 부탁하시니 어떻게든 해보겠습니다.

예시 2

Q 조금 더 싸게 안 될까요?

A 더 이상 어렵습니다. 하지만 다나카 씨가 원하시니 어떻게든 해보죠.

예시 3

Q 여기 고쳐줄 수 있을까요?

A 납기가 있어서 어쩔 수 없습니다. 하지만 스즈키 씨의 부탁이라면 거절할 수가 없네요.

예시 4

Q 내일까지 기획서 완성해줄 수 있나?

A 일이 많이 밀려서 어렵습니다. 하지만 부장님을 위해서라면 한번
   해보겠습니다!

예시처럼 바로 "네!"라고 하지 말고 한 번 뜸을 들인 후에 알겠
다는 뜻을 보이면 된다. 거절한 후에 부탁을 들어주면 훨씬 고마
움을 느끼는 법이다.

 P/O/I/N/T

심리기술
상대의 요구를 한 번 거절한 후에 뜸을 들였다가 승낙하면 상대는 당신에
게 한층 더 감사한 마음을 갖는다.

꼭 기억하기
중요한 고객에게 부탁 받으면 "좀 힘들 것 같습니다. 하지만 ○○ 님의 부
탁이니 해보겠습니다"라고 말하면서 일단 거절한 후에 승낙하는 기술을
시도해보자.

상대의 사소한 것을 말하면
대화의 품격이 달라진다

#상대를 기쁘게 하는 대화의 기술

64~65대 일본 총리 다나카 가쿠에이는 지지자와 지인, 관계자의 가족 구성, 경력, 취미와 취향을 대부분 기억하고 있었다고 한다. 대화를 하다가 "그러고 보니 자네 아들은 ○○년생이니 올해 고등학교를 졸업하지 않았나", "자네 부인은 ○○ 출신이었지?"라면서 상대의 사소한 것을 언급하는 것이다. 그 '사소한 것'이 팬을 늘리는 하나의 요인이었다.

이 이야기로 알 수 있듯이 대화할 때 상대가 '사소한 것'을 기억하고 있다는 것을 알게 되면 굉장히 기쁜 법이다.

사실 고객이나 거래처 사람들, 회사 사람들의 사소한 것을 모두 다 기억하기는 쉬운 일이 아니다. 이럴 때 소통의 달인들이 자주 하는 것이 바로 메모다. 대화하면서 상대의 사소한 것을 수첩이나 노트, 명함의 뒷면, 자료의 여백, 스마트폰 등에 메모한다.

잡지와 신문에 독보적인 메모 기술이 소개된 한 대기업 경영자는 거래처와의 협상 자리에서 알게 된 상대의 에피소드와 그날 했던 이야기를 요약해서 같이 적어놓고, 그 사람과 만날 때 수첩을 확인해 상대방이 생각지도 못한 사소한 일까지 이야기한다고 한다. 그러면 상대방은 전 세계의 거래처를 상대하는 분이 내 일을 기억하고 있다는 사실에 감격한다는 것이다.

원활한 소통을 위해서는 말을 잘하는 것보다 상대의 이야기를 얼마나 잘 들어주느냐가 중요하다. 하지만 일단 상대가 하는 말을 똑바로 들어야 한다. 말을 잘하는 사람보다 말을 잘 듣는 사람이 상대방을 기분 좋게 만든다. 내가 하는 말을 좀 줄이더라도 상대방의 말을 잘 듣고, 생각지도 못한 사소한 일을 슬쩍 말하면 소통이 달라질 것이다.

 P/O/I/N/T

꼭 기억하기
상대의 '사소한 일'을 수첩이나 노트 등에 기록해두자.

제안을 하기 전에
긍정적인 암시를 걸어라

고객을 기분 좋게 만드는 방법

비즈니스에서는 '회의에 늦는 사람은 의욕이 없다'라고 단정 짓곤 한다. 그러나 확실히 그런 경우가 아닌 한, 보통은 앞에 한 회의가 길어졌다거나 이동 중인 전철에 늦어지는 사유가 발생했다거나 같은 예상하지 못한 이유가 있는 법이다. 그러니 반드시 '회의에 늦는다 = 의욕이 없다'라는 공식이 맞는 것은 아니다. 이것을 심리학에서는 '등가의 복합 개념'이라고 한다.

이 이론을 일에 응용할 수도 있다.

"오늘은 날씨가 좋네요. 좋은 일이 있을 것 같아요"라고 말하면 '좋은 날씨 = 좋은 일이 있다'라는 식이 된다. 일종의 암시다. 상담

전에 이런 긍정적인 말 한마디를 상대방에게 던지면 상대는 왠지 모르게 좋은 일이 있을 것 같은 기분이 들어 당신의 제안도 좋게 느낄 것이다.

나는 이 효과를 기대하면서 강연이나 세미나를 시작하기 전에 참석자들에게 반드시 이렇게 말한다.

"오늘은 정말 날씨가 좋네요! 틀림없이 좋은 일이 생길 겁니다!"

 P/O/I/N/T

심리기술
좋은 일이 생길 것이라는 말을 들으면 왠지 모르게 기분이 좋다.

꼭 기억하기
회의나 협상 전에 "오늘은 좋은 일이 생길 것 같네요"라는 긍정적인 한마디를 말해보자.

아이돌이 늘 웃는 것처럼
보이는 비결

좋은 첫인상을 만드는 쉬운 방법

좋은 첫인상을 주는 것은 상당히 중요하다. 그리고 좋은 첫인상을 만드는 가장 기본적인 방법은 '웃는 얼굴'을 보여주는 것이다. 세계적인 베스트셀러 《사람을 움직여라》로 유명한 데일 카네기Dale Carnegie도 "웃는 얼굴은 돈 한 푼 들지 않지만, 100만 달러의 가치가 있다"라고 말했다.

처음 만나는 상대를 본 순간의 이미지가 그 후의 협상과 일에 영향을 미친다. 처음에 '붙임성이 없는 사람'이라는 인상을 받으면 그 인상을 지우기가 어렵다. 이것을 '초두 효과'라고 한다. 그만큼 첫인상이 중요한 것이다. 하지만 처음 만난 사람에게 갑자기 웃는 얼굴을 보이기란 의외로 어려운 법이다.

　그래서 나는 '상대에게 앞니를 보이는 방법'을 쓴다. 페이스북이나 블로그 사진을 보고 "사카이 씨는 늘 웃고 계시네요"라고 말하는 사람이 많은데, SNS에 사진을 올릴 때도 처음 사람을 만날 때도 '앞니를 보이는' 단순한 작업을 하고 있을 뿐이다. 그러면 상대에겐 내가 웃고 있는 것처럼 보인다. 내가 앞니를 드러내고 웃으면(웃는 것처럼 보이면) 상대도 안심한다.

　'상대에게 앞니를 보이는 방법'은 TV에서 아이돌이 웃는 것을 보고 생각한 것이다. 늘 웃고 있는 얼굴이 신기해서 표정을 천천히 살펴봤더니 '입을 벌리고 앞니를 보여주고 있을 뿐'이라는 사실을 깨달았다. 이것이 끌리는 미소를 만드는 비결임은 나중에 알았다. 첫인상이 안 좋아서 고민이라면 '앞니를 보인다'라고 생각해보자. 첫인상이 확 좋아질 것이다.

 P/O/I/N/T

심리기술
웃는 얼굴을 보여주면 상대는 좋은 인상을 받고 나도 편안함을 느낀다.

꼭 기억하기
첫인상 때문에 고민인 사람은 억지로 웃지 말고 상대에게 '앞니를 보여준다'라고 생각해보자.

어려운 사람을 재밌는 사람으로
바꾸는 간단한 기술

어려운 상대 극복법

"사람을 만날 때, 겁이 난다면 그 사람이 부인과 장난치는 모습은 어떨지 상상해보자."

누구나 어려운 상대가 있을 것이다. 사카모토 료마(坂本 龍馬, 일본 근대화의 문을 열었다고 평가받는 무사이자 사업가)의 이 말은 그런 사람이 있을 때 어떻게 하면 좋을지에 대한 힌트를 준다.

고객 중에는 까다롭거나 고압적인 태도를 보이는 사람도 있다. 그런 고객을 상대하려면 아무래도 소극적인 태도가 되고 방문 횟수도 적어질 수밖에 없다. 이럴 때 효과적인 방법이 있다. 바로 '서브모달리티 체인지'(Submodality Change, 외부에서 받아들인 부정적 감각을 긍정적 감각으로 바꾸는 것)라고 부르는 방법으로, 상대의 이미지를 좋게 바꾸는 것이다.

일단 눈을 감고 눈앞에 큰 스크린이 있다고 상상한다. 그다음 스크린에 내가 어려워하는 상대가 나온다고 생각해보자. 그리고 상대의 표정(시각)이나 말투(소리)를 웃기고 재미있는 모습으로 바꿔본다.

예를 들면 이런 것이다. 상대의 코밑에 〈배가본드〉(일본의 전설적인 검객을 주인공으로 한 만화 시리즈)의 파파 같은 콧수염을 그린다거나 얼굴을 옆으로 길게 늘여 웃긴 얼굴로 만든다. 볼에 빨간 소용돌이를 그려봐도 좋겠다. 스크린의 색을 흑백으로 만들거나 작게도 만들어보자.

이렇게 어려운 상대를 가상의 인물로 패러디하는 방법만 써봐도 어느새 상대에 대한 거북한 마음이 사라진다.

상대의 말투(소리)도 재미있게 바꿔보자. 상대의 목소리를 헬륨가스를 사용해 오리 같은 목소리로 바꿔본다고 상상하는 것이다. 머릿속에 즐거운 음악을 틀어보는 것도 좋다. 또는 상대방이 "나, 둘리. 잘 부탁해!"라고 말하는 모습을 상상해보자. 이것만으로도 상대방에 대한 저항심, 압박감이 줄어든다. 어려운 상대에 대해 '이 사람도 그냥 평범한 사람'이라고 생각이 바뀔 수 있고, 누구나 쉽게 할 수 있는 방법이다.

더 나아가 어려운 사람을 떠올리면서 좋아하는 향기를 맡는 방법도 있다. 상대방의 이미지를 좋은 감각으로 연결해서 기억하는 것이다.

기억 및 이미지는 영상과 소리 그리고 감각으로 저장되어 있는데, 이것은 컴퓨터나 태블릿과 마찬가지로 새로운 데이터로 덮을 수 있다. 상대방의 이미지를 기분 좋은 영상과 소리, 감각으로 덮어씌우면 된다.

거짓말이라고 생각하지 말고 한번 시도해보길 바란다. 이 작업을 몇 번 반복한 뒤에 상대를 만나면 자신의 마음이 평소와 다르다는 것을 깨닫게 될 것이다.

 P/O/I/N/T

심리기술
사람의 기억 및 이미지는 영상, 소리, 감각으로 저장된다.

꼭 기억하기
어려운 상대를 머릿속에서 재미있고, 웃기게 바꿔보자.

관점을 바꾸면
해결책이 보인다

상대의 마음을 읽는 방법

비즈니스에서 인간 심리와 커뮤니케이션에 관한 학문으로 활용되는 NLP(신경 언어 프로그래밍)에는 '포지션 체인지Position Change'라는 것이 있다. 자신의 포지션(위치)을 바꿔 상대의 관점이나 느끼는 점을 객관적으로 알아보는 훈련이다. 다음 그림을 보자.

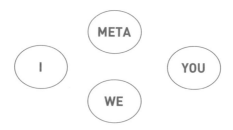

'시야를 넓히자. 시점을 바꾸자. 다양한 관점을 갖자'라는 말을 종종 들을 것이다. 그러나 우리는 거의 매일 같은 시점으로 사물을 본다. 그리고 깨닫지 못하는 사이 '내 시점'이 유일한 정답이라고 생각한다.

그래서 때로는 의식적으로 앉는 위치를 바꾸고, 높은 곳에 올라가보고, 낮은 위치에서 바라보고, 오른쪽이나 왼쪽으로 몸을 움직여 시점을 바꿔볼 필요가 있다. 그러면 생각하지도 못한 깨달음이나 감정이 생긴다. 마음이나 감정은 몸의 이동(시점의 변화)에 큰 영향을 받기 때문이다.

'포지션 체인지'를 이용하면 관점의 변화를 쉽게 시도해볼 수 있다. 다음 내용을 참고하라.

포지션 체인지의 흐름은 이렇다. 실제로 내가 서 있는 위치를 바꾸면서 훈련하면 I, YOU, META, WE 각자의 생각과 관점, 느끼는 점의 차이를 실감할 수 있다.

'포지션 체인지' 훈련법

우선 나는 'I'의 위치에, 상사는 'YOU'의 위치에 있다고 상상하면서 내 생각과 의견을 YOU에 전한다. 이때 내 생각과 의견은 입 안에서 중얼거리기만 해도 된다.

그다음, 나는 'YOU'의 위치로 이동한다. 그리고 YOU의 입장이나 기분을 생각하면서 YOU의 생각과 의견을 소리 내어 I에 전한다.

그 후 나는 'META'의 위치로 이동해서, I와 YOU를 바라본다. 서로의 관계를 의식하면서 그들의 말을 듣는다.

그다음 'WE'의 위치로 이동해 I와 YOU가 원만한 관계가 될 수 있도록 조언한다. I, YOU, META의 위치에서 느끼고, 깨달은 점을 I에 조언한다.

관심이 있다면 이 포지션 체인지를 자신과 상사 또는 부하의 위치, 자신과 고객의 위치, 자신과 가족의 위치, 자신과 친구의 위치로 바꿔가면서 해보기를 바란다.

나는 가끔 식탁에서 앉는 위치를 바꿔본다. 일상생활에서 포지션 체인지를 해보는 것이다. 이 사소한 동작에도 깨달은 일이나 발견이 많아 놀란다. 당신도 문득 산책이나 여행을 떠나서 아이디어가 떠오른 경험이 있을 것이다. 이것도 시점이 변했기 때문이다. 회사에서 언제나 앉는 내 자리를 벗어나 시점을 바꾸기만 해도 깨닫는 일이 많다.

포지션 체인지는 혼자서 하는 연극이다. I, YOU, META, WE의 시점에서 당신이 말하는 생각, 의견, 감정은 모두 '내 생각', '내 의견', '내 감정'이지만 이것으로 문제 해결을 위한 해결책이나 힌트, 돌파구를 찾을 수 있다. 시점을 바꿔 시야를 넓히면 그때까지 보이지 않았던 것, 들리지 않았던 말, 느낄 수 없었던 감각을 알게 된다. 그 모든 능력은 내 안에 있다. 벽에 부딪혔을 때, 해결책이 보이지 않을 때, 어떻게 해야 할지 고민될 때 포지션 체인지를 시도해보자. 해결의 실마리를 발견할 수 있을 것이다.

 P/O/I/N/T

심리기술
막다른 길에서, 해결책이 보이지 않을 때, 어떻게 하면 좋을지 모를 때에 사람은 자주 시점이 굳어져 시야가 좁아져 있다.

꼭 기억하기
'포지션 체인지'로 또는 자신이 앉는 위치, 서 있는 위치, 환경을 바꾸어 평소와 다르게 느끼는 방법을 체험해보자.

프레임을 바꾸면
결과도 바뀐다

긍정적인 사고로 바꾸는 방법

일어난 사건에 어떻게 반응하는지는 그 사람의 평소 사고와 관련이 있다. 습관은 의식해서 바꾸면 새로운 습관이 된다. 사건은 바꿀 수 없지만 받아들이는 방식은 '리프레이밍'으로 바꿀 수 있다.

사람이 사물을 바라보고, 느끼고, 이해하는 방식을 '프레임'이라고 하고, 그 프레임을 바꾸는 것을 '리프레이밍'이라고 한다. 같은 상태에서 만나도 리프레이밍을 하면 사고, 감정, 행동이 변한다.

예를 들어, 외출할 때 비가 내리면 이렇게 "중요한 날에 비가 오다니"라고 화를 내는 것도 일종의 프레임이고, "비가 오네, 그러면 새로운 레인부츠를 신고 나가야지"라고 설레는 것도 프레임이다. 자주 거래하는 회사의 직원이 실수를 지적하며 호통을 치자 "그렇게 화낼 필요는 없지 않나?"라고 화가 나는 것도 하나의 프레임, "다음번에 만회해야지"라고 긍정적으로 생각하는 것도 하나의 프레임이다. 생각을 바꾸면 사물이 좋게도, 나쁘게도 바뀔 수 있다.

이것을 알려주는 유명한 일화가 있다. 남쪽 섬에 구두를 팔러 간 판매원 2명이 있다. 한 명은 아무도 구두를 신고 있지 않은 것을 보고 "여기선 장사가 될 리 없다"라면서 돌아간다. 나머지 한 명은 "구두를 신지 않은 사람이 많으니 구두를 팔기에 보물 같은 섬"이라며 기뻐하면서 의욕이 가득해졌다는 이야기다.

받아들이는 방식이 달라지면 감정이나 행동이 바뀌고, 사람에 따라 결과까지 변한다는 것을 알려주는 일화다. 일상생활에서도 리프레이밍을 연습해보자. '쉽게 질리는' 성격은 '호기심이 왕성한', '고집이 없다', '도전가' 등으로 리프레이밍할 수 있다. 더 많은 예시를 보자.

- 나는 수다쟁이다.
- 나는 너무 예민한 성격이다.
- 나는 우유부단하다.

- 나는 소극적이다.
- 나는 성격이 어둡다.

이 항목들을 리프레이밍하면 다음과 같이 바꿀 수 있다.

- 머리 회전이 빠르다.
- 배려심이 있다.
- 신중하다.
- 나대지 않는다.
- 침착하다.

이 예시들을 보고 나에게도 적용해보자. 리프레이밍에 익숙해지면 변화를 느낄 수 있을 것이다.

 P/O/I/N/T

심리기술
부정적인 생각도 긍정적인 생각으로 바꾸면 감정이나 행동도 바뀐다.

꼭 기억하기
위기에 처했을 때 리프레이밍을 통해 사고나 말, 행동을 좋은 방향으로 바꾸자.

반복하면 계란으로
바위를 칠 수 있다

소수 의견으로 목적을 이루는 방법

 1명 혹은 소수파의 의견을 '통과'시키기 위해서는 어떻게 하면 될까? 소수파의 의견이 다수파에 영향을 주는 방법은 2가지가 있다.

 하나가 '홀랜더의 책략'이다. 지금까지 그 집단에 크게 기여했거나 이익을 주었거나 실적이 있는 한 사람의 의견이 다수파에 영향을 미치는 것을 말한다. 즉, 지금까지 여러 기획을 제안해서 회사나 가게에 막대한 공헌을 한 사람이나, 과거에 회사의 위기를 몇 번이나 구한 구세주, 가게에 단골을 계속해서 끌어들이고 있는 인기 직원 등 이런 사람의 의견이 사내 다수파의 의견에 영향을 준다는 것이다. 평소에 회사에 도움을 주고 있다면 소수 의견이라고 해도 그 사람의 생각은 지지를 모으기 쉽다.

또 하나의 방법은 '모스코비치의 책략'이다. 지금까지 회사나 가게에 대한 실적이 없는 사람이 쓰는 방법으로, '내 의견을 몇 번이나 반복해서 계속 말하는 것'이다. 아무리 거절당하거나 반대 의견을 들어도 "이 기획은 고객님이 반드시 좋아하실 겁니다"라고 반복해서 말하면 그 의견이 맞을지도 모른다는 분위기가 생긴다. 이로써 처음에는 소수파였던 의견도 서서히 영향력을 갖기 시작하고 결국 다수파에 큰 영향을 미치게 된다.

단, 소수 의견을 주장하려면 나름대로 근거를 보여줘야 한다. 잘못하면 자기중심적 의견으로 무시만 당하다가, '끈질기다'라는 평가로 끝날 수 있다. 현실적인 일관성이 가장 중요하다. 그것만 확실하면 주변의 전세도 역전할 수 있다.

 P/O/I/N/T

심리기술
실력자의 의견은 많은 사람이 따른다(홀랜더의 책략), 현실적인 주장을 계속하면 전세를 역전할 수 있다(모스코비치의 책략).

꼭 기억하기
반드시 실현하고 싶은 기획이 있는데 소수 의견이거나, 신뢰나 실적이 없는 경우에는 반복해서 같은 의견을 말하도록 하자.

일할 때 '정당화'의 함정에
빠지지 마라

모순을 정당화하지 않기 위한 사고법

일을 지속하기 위해서 사람은 '보람', '즐거움', '의의'라는 플러스 요인을 만들어 행동의 균형을 유지하려고 한다.

미국의 사회심리학자 레온 페스팅거Leon Festinger의 이론에서 나온 '인지 부조화'라는 용어가 있다. '인지 부조화'란 생각과 모순되는 행동을 할 때 느끼는 불쾌한 감정이다.

인지 부조화의 근거를 얻기 위해 페스팅거는 실험을 했다. 학생들에게 보수를 주면서 지루한 작업을 시킨다. 그리고 보수가 적은 학생과 많은 학생으로 나눠, 그들에게 같은 작업을 하게 될 다음 학생에게 작업에 대해 알려주라고 했다. 그러자 보수가 적은 학생이 보수가 많은 학생보다 "재미있는 작업"이라고 설명하는 경향이 강했다.

일에 비해 적은 보수를 받기 때문에 오히려 '사실 이 일은 재미있는 일이었을지도 모른다'라고 인식을 수정해서 자신이 느끼는 부조화를 없애려고 하는 심리가 강하게 작용한 것이다. 의외의 결과였을지도 모르지만, 주위를 둘러보면 종종 있다.

- 객관적으로는 이익이 전혀 없는데 적자 사업에 계속해서 투자하는 완고한 경영자
- 생산성이 올라가지 않는 일을 계속하는 성실한 종업원

객관적으로는 '마이너스'인 일을 '열심히 계속하는 것'이다. 상식적으로 생각하면 이상하지만, 균형을 맞추지 않으면 마이너스가 되는 일을 계속할 수 없는 것이다.

 P/O/I/N/T

심리기술
사람은 몸과 마음의 균형을 유지하기 위해 객관적으로는 의의가 없는 일이라도 가치나 보람을 찾으려고 할 때가 있다.

꼭 기억하기
혹시 나도 성과도 나지 않고 보상도 적은 일을 다른 이유를 찾으면서 정당화하고 있지는 않은지 생각해보자.

다른 사람의
성공을 받아들이는 자세

성공과 실패 요인 판단법

우리는 주변에서 일어나는 문제의 원인을 대부분 4가지(능력, 노력, 난이도, 운) 중에서 찾으려고 한다.

아주 큰 계약을 따낸 사람이 있다고 하자. 그 사람이 계약을 따낼 수 있었던 이유는 다음과 같이 생각할 수 있다.

① 능력 - 프레젠테이션 능력이 뛰어나서 계약을 따낼 수 있었다.

② 노력 - 고객을 여러 번 찾아가 공을 들였기에 계약을 따낼 수 있었다.

③ 난이도 - 이 일은 누가 했어도 통과했을 기획이다.

④ 운 - 우연이다. 운이 좋았다.

재미있는 것은 계약을 따낸 사람은 그 이유를 '① 능력' 또는 '②
노력'에서 찾는데, 주변에서는 '③ 난이도' 또는 '④ 운'에서 찾는다
는 점이다. 물론 모든 경우가 이런 분류에 해당되는 것은 아니지
만, 나의 '능력'이나 '노력'은 주변 사람들이 객관적으로 이해하기
어려운 부분이기 때문에 주변 사람들은 '난이도'나 '운'에서 이유
를 찾으려고 하는 것이다.

하지만 만약 계약을 따내지 못한 경우라면 이 상황은 역전된다.

본인은 난이도나 운에서 이유를 찾아 '이번 계약은 우리 회사가
맡기에는 수준이 너무 높았어', '경합은 잘했어. 이번에는 운이 없
었을 뿐이야'라고 생각하는 반면, 주변 사람들은 '힘이 없었어', '노
력이 부족했던 것 같아'라면서 능력 또는 노력에서 이유를 찾는다.

부하나 동료 직원, 거래처 담당자가 무언가에 성공했을 때 "이
번엔 운이 좋았어요"라면서 겸손한 발언을 한다면, 우리는 어떻
게 맞장구를 쳐줘야 할까?

100% 운이 좋은 상황이었다고 해도 "아닙니다. 평소에 노력하
신 결과죠"라는 식으로 능력과 노력을 인정하는 맞장구를 치면
상대도 기뻐할 뿐 아니라 한층 훈훈한 분위기에서 대화를 이어갈
수 있을 것이다.

만약 상대가 무언가에 실패한 경우에는 "이번에는 운이 안 좋
았네요. 아주 사소한 차이였을 거예요"라는 식으로 운 또는 미미

한 차이를 강조하는 말을 건네는 게 좋다. 별것 아닐지 몰라도 사람의 심리를 이해하면서 관계를 만들어가는 일은 비즈니스에 꽤 도움이 된다.

 P/O/I/N/T

심리기술
사람은 성공 요인을 능력, 노력, 난이도, 운에서 찾으려고 한다.

꼭 기억하기
상대가 성공했을 때는 능력과 노력을 칭찬하고, 실패했을 때는 난이도와 운에서 그 원인을 찾아 위로하자.

요청할 때는 집단이 아닌
개인에게 말하라

'사회적 태만'을 피하는 법

'나 하나쯤이야' 현상을 적어도 한 번은 본 적이 있을 것이다. 사람은 집단에 속해 있으면 '나 하나쯤 하지 않아도 된다'라는 생각을 가지기 쉽다는 것으로, 이것을 '사회적 태만Social loafing'이라고 한다.

독일의 심리학자 막스 링겔만Max Ringelmann은 줄다리기 실험으로 이 이론을 증명했다.

사람들을 모아서 줄다리기를 시키고, 사람을 추가하면서 1명이 내는 힘을 측정하는 실험이었다. 그 결과, 사람이 늘어나면 그만큼 개인이 내는 힘은 줄었다.

- 줄을 2명이 당기면 개인은 근력의 93%를 발휘한다.
- 줄을 3명이 당기면 개인은 근력의 85%를 발휘한다.
- 줄을 8명이 당기면 개인은 근력의 49%를 발휘한다.

즉, 사람 수가 적을수록 한 명 한 명이 모두 힘을 내고, 많을수록 힘을 내지 않는 사람이 나온다. 집단에 있는 사람에게는 정확히 '자신'과 관련된 문제라는 것을 명확히 인식시켜야 한다.

회사나 가게에서 직원 수가 늘어나면 이런 일이 발생하기 마련이다. 모두에게 "우리 열심히 합시다!"라고 말하지 말고, 다음 문장처럼 개인에게 구체적으로 콕 집어서 요청사항을 말해야 한다.

"아무개 씨에게 ○○를 기대하고 있습니다."

"홍길동 씨는 ○○을 실현해주십시오."

"영업부는 ○○을 달성해주세요."

 P/O/I/N/T

심리기술
사람은 집단 속에 있으면 방관자가 된다.

꼭 기억하기
집단이 커지면 전 직원에게 메시지를 전달하지 말고 한 명씩, 개별적으로 요구사항을 전달하라.

나보다 고객이
더 잘 안다

우리 회사의 평가를 정확히 아는 방법

나, 우리 회사 또는 우리 가게를 좋아하는 사람이 있는지, 없는지는 의외로 나 자신, 우리 회사, 우리 가게가 가장 모를 수 있다.

우리는 태어나서 죽을 때까지 절대로 자신의 외모, 목소리, 표정과 자세, 태도나 에너지를 객관적으로 관찰할 수 없다. 정말로 나를 잘 아는 사람은 객관적으로 나를 관찰할 수 있는 주변 사람일 것이다.

회사나 가게도 마찬가지다. 우리 회사의 상품이 좋아서, 우리 매장의 서비스가 괜찮아서 온다고 생각했던 고객은 의외로 당신의 성품이나 매장 분위기가 마음에 들어서 찾는 것일 수도 있다. 스스로는 몰랐던 의외의 장점을 고객이 찾아주는 경우도 종종 있다.

만약 일하는 태도나 회사의 상품에 대해 고객에게 생각지도 못한 칭찬을 3번 이상 들었다면, 그것이 당신 또는 상품의 객관적인 장점일 것이다.

당신이 본인 가게의 어필 포인트가 '맛'이라고 생각하고 있어도 "이 가게는 직원들이 늘 웃고 있어서 좋아요. 여기 오면 직원들이 친절해서 기분이 좋아져요"라는 말을 각각 다른 손님들에게 3번 이상 들었다면, 이 가게는 '맛'과 '훌륭한 접객 태도'로 어필해야 한다. 그것이 강력한 차별화 요소가 된다는 뜻이다.

중요한 것은 '고객 관점의 평가'를 아는 것이다. '우리 매장을 이용하는 이유는 무엇입니까?', '우리 회사에서 마음에 드는 서비스를 골라주십시오' 같은 질문지를 만들어 고객, 거래처의 목소리를 솔직하게 들어보자. 나, 우리 회사, 우리 상품, 우리 가게를 가장 잘 알고 있는 사람은 고객이다.

 P/O/I/N/T

심리기술
사람은 의외로 자신에 대해 잘 모르는 법이다.

꼭 기억하기
우리 회사의 상품, 서비스에 대해서 고객 관점의 평가를 받아보자.

심리 마케팅 기술 099

지금 당장 내가 할 수 있는
'티끌'을 찾아라

비즈니스의 원칙

추운 겨울날, 하치노헤시에 강연하러 갔을 때의 이야기다. 하치노헤역에서 에스컬레이터를 타고 내려가는데 정면에 양손을 앞으로 내밀고 서 있는 여성이 보였다.

이렇게 추운 곳에 서서 대체 뭘 하는 건지 궁금해서 가까이 다가갔더니 그녀는 들고 있던 그릇을 내밀었다. 잘게 부순 전병이 가득 들어 있는 그릇이었다.

"괜찮으시면 한번 드셔보세요."

그 말을 듣고 한 조각을 집어 입에 넣었다. 나는 궁금증을 참지 못하고 물었다.

"항상 여기에 서 있는 건가요?"

"네, 저희 가게는 저쪽에 있어요. 시간 되시면 한번 들러주세요."

그녀가 손가락으로 가리키는 곳에는 작은 전병 가게 간판이 보였다. 가게는 내가 묵을 호텔과 역의 딱 중간에 있었다. 그때 내 머릿속에는 오늘 밤 도쿄에서 오기로 한 동료 두 명이 떠올랐다. 그들에게 선물로 주면 좋을 것 같아서 결국 그 가게에서 전병이 든 상자 3개를 구매했다.

그녀는 추운 겨울바람을 맞으면서도 늘 신칸센 도착 시간에 맞춰 하치노헤역 에스컬레이터 아래에서 사람들을 기다린다고 했다. 신칸센이 신아오모리역까지 연장돼서 하치노헤역에 내리는 사람이 이전에 비해 많이 줄자, '자신이 할 수 있는 일'을 '생각'해서 '하나씩 실행'하고 있었다.

만약 그녀가 그곳에 서 있지 않았더라면, 만약 그녀가 들고 있던 잘게 부순 전병을 먹지 않았더라면 틀림없이 나는 그 가게에 들어가지 않았을 것이다.

잘게 부순 전병을 시식한 사람 중에 대략 몇 퍼센트 정도가 가게를 찾느냐고 물어보니, 그녀는 대부분이 찾아준다고 대답했다.

그 말을 듣자 나의 비즈니스 스승님께서 한 말이 떠올랐다.

"장사라는 것은 결국 100분의 1이 쌓이고 쌓이는 겁니다. 작은 일이 거듭 쌓이면 사업은 잘됩니다."

이것이 바로 비즈니스의 원칙이다. 하치노헤역에서 만난 여성은 이 원칙을 자연스럽게 실천하고 있던 셈이다.

당장 결과가 나오지 않더라도 초조해하지 말자. 내가 할 수 있는 일이 무엇인지, 작은 일이라도 찾아서 하나씩 하다 보면 된다.

 P/O/I/N/T

심리기술
"내가 무엇을 할 수 있을까?"를 생각하면 저절로 행동도 변한다.

꼭 기억하기
직접 문제점을 찾아보고 해결하고자 하는 노력을 거듭 해보자.

즉시 사게 만드는
첫 번째 열쇠

내 일이라고 생각하게 만들어 구매로 이끄는 기술

광고 문구를 만들 때 기억해야 할 것이 있다. 먼저 남의 일이 아니란 것을 깨닫게 한다. 그다음 대처해야겠다는 마음이 들게 해서, 행동하는 흐름을 만들어야 하는 것이다.

비즈니스에서는 '설득'에 중점을 두기 쉽지만, 설득과 설명 이전에 상대의 주의를 끄는 것이 중요하다. 가장 우선시해야 하는 조건이다. 이 수법은 책 띠지에 쓰는 광고 문구, 일반 광고나 광고지 등에도 일상적으로 쓰인다. 주변에서도 쉽게 볼 수 있다.

다음은 어떤 해충 박멸 업체 광고 문구다. 이 광고 문구에 숨겨진 심리기술을 살펴보자.

'흰개미는 당신이 모르는 사이에 당신의 소중한 집을 파괴하고 있습니다. 흰개미의 피해는 이토록 심각합니다.'

이런 문구와 함께 사진이 실려 있다. 평소에 흰개미에 조금도 관심 없던 사람은 이 광고를 보고 몰랐던 사실을 깨달은 것처럼 놀랄 것이다. 이제 다음 문구를 보자.

'당신의 집은 괜찮으십니까?'
'무료로 점검해드립니다. 부담 없이 문의해주세요!'

모든 광고 문구에는 사람의 심리 파악 기술이 숨어 있다. 이 광고 문구에는 어떤 심리가 숨어 있을까?

상대가 깜짝 놀랄 만한 말이나 질문을 던져 관심을 끄는 행동을 심리학에서는 '피크 테크닉Pique Technique'이라고 한다. 피크Pique는 '자극한다'라는 뜻이다. 전달하고 싶은 것이 있다면 먼저 상대방의 호기심을 자극하거나 관심을 끌어야 하는 법이다.

이것은 마케팅이나 광고 관련 책에 반드시 등장하는 고전 이론인 'AIDMA 모델'(미국의 실무가 사무엘 롤랜드 홀Samuel Roland Hall이 주장한 소비자행동이론)과도 들어맞는다. 'AIDMA 모델'이란 소비자가 상품을 구매하게 될 때까지의 심리 단계를 나타낸 것이다.

해충 박멸 업체 광고 문구도 이 이론을 따랐다. 소비자의 구매 행동은 다음과 같은 단계를 거친다.

Attention(주의) → Interest(관심) → Desire(욕망)
→ Memory(기억) → Action(구매)

첫 단계가 '주의'다. 먼저 주의를 끌어야 다음에 관심으로 연결된다. 길을 가고 있을 때 모르는 사람이 갑자기 "설문조사에 참여해주세요!"라고 말을 걸었다고 하자. 보통 이 한마디 때문에 가던 길을 멈추고 설문조사에 응해주는 사람은 많지 않다.

하지만 "우리 지역에 쇼핑센터가 들어선다고 해요. 시간은 얼마 안 걸리니 설문조사에 참여해주세요!"라고 말하면 어떨까? '나와 관련 있는 일'이라고 느껴 설문조사에 응하게 될 것이다.

사람은 자기 일에는 관심을 보인다. 고객의 관심을 끌 수 있는 것이 무엇인지 항상 생각하는 습관을 들이자.

 P/O/I/N/T

심리기술
사람은 자기 일이라고 깨닫는 순간 관심이 생긴다.

꼭 기억하기
고객의 흥미와 관심이 무엇인지 깊이 생각해보자.

심리기술로 생각을 바꿔라, 결과가 바뀐다

돈 한푼 안 드는데 세상에서 가장 강력한 무기

심리학자 로버트 딜트Robert Dilts 박사는 '뉴로로지컬 레벨Neurological Level의 의식 5단계'라는 사고 구조를 주장했다. 다음 그림처럼 인간의 의식은 5단계로 이루어져 있는데, 인생에 가장 큰 영향을 미치는 것은 가장 꼭대기에 있는 '자기 인식'이라는 사고방식이다.

자기 인식, 즉 자기 스스로를 어떻게 생각하고, 인식하고 있는지

가 그 사람의 가치관이나 능력, 행동 그리고 환경에도 큰 영향을 미친다는 것이다. '난 못 해'라고 인식하면 그것이 신념과 능력, 행동에 영향을 미쳐 그런 환경을 만든다. '나는 운이 좋다'라고 인식해도 신념이 되고 능력과 행동을 좌우해서 환경을 만든다.

'나는 슈퍼스타다.'
'나는 일류 영업사원이다.'
'숨 쉬듯이 돈을 벌어들이는 회사로 만들 것이다.'

따라서, 이 같은 강한 자기 인식을 하다 보면 그것이 곧 내 신념이 되고 능력과 행동, 환경을 변화시킬 것이다.

성공철학으로 유명한 나폴레온 힐^{Napoleon Hill} 박사도 다음과 같이 말했다.

'당신의 능력에 한계를 부여하는 것은 다른 누구도 아닌 바로 당신 자신의 착각입니다.'

근거 없는 착각이 가장 강력하기 때문에 나는 이렇게 말할 것이다.

당신은 운이 좋다.
당신은 뛰어난 사람이다.
그리고,
당신이라면 반드시 할 수 있다!

《설득의 심리학 2》로버트 치알디니, 노아 골드스타인, 스티브 마틴 저, 21세기북스

《나에겐 정말 문제가 있다》데이비드 J. 리버만 저, 창작시대

《과학적 광고》클로드 홉킨스 저, 거름

《또 팔렸다!(また、売れちゃった！)》가와세 가즈유키 저, 다이아몬드 사

《꿈을 '마음대로' 이룰 수 있는 자기 세뇌(夢を'勝手に'かなえる自己洗脳)》미야케 히로유키 저, 매거진하우스

《59초》리처드 와이즈먼 저, 웅진지식하우스

《호감 스위치를 켜라》마빈 칼린스, 잭 셰이퍼 저, 세종서적

《객가 대부호의 가르침(客家大富豪の教え)》아마카스 다다시 저, PHP연구소

《설득과 영향(説得と影響)》사카키 히로부미 저, 브레인출판

《실무입문 NLP의 기본을 이해하는 책(実務入門 NLPの基本がわかる本)》야마사키 히로시 저, 일본능률협회매니지먼트센터

《데일 카네기 인간관계론》데일 카네기 저, 현대지성

《마술사의 비밀노트》스티브 코언 저, 위즈덤하우스

《왜 나는 항상 결심만 할까?》켈리 맥고니걸 저, 알키

《최강의 일머리》레일 라운즈 저, 토네이도

《언어로 사람의 마음을 움직인다(Words that change minds)》셸 로즈 샤르베 저, Institute for Influence

《어떤 사람이 최고의 자리에 오르는가》존 네핑저, 매튜 코헛 저, 토네이도

《나는 네가 무슨 생각을 하는지 알고 있다》토르스텐 하베너 저, 위즈덤피플

《상식 밖의 경제학》댄 애리얼리 저, 청림출판

《심리전에서 반드시 이길 수 있는 사람다운 마술(心理戦で必ず勝てる人たらし魔術)》나이토 요시히토 저, PHP연구소

옮긴이 최지현

한양대학교에서 일어일문학을 전공하고 한국외국어대학교 통번역대학원 한일과를 졸업한 후 MBC 편성기획부, ㈜한국닌텐도 등에서 통번역 업무를 오래 담당하다가 출판번역 전문가로 전향했다. 현재 출판번역에이전시 글로하나에서 일본어 번역가로 활동하며 일서 번역과 검토에 힘쓰고 있다. 역서로는 《기분의 디자인》 《돈이 되는 말의 법칙》《스크럼》《오늘날의 치료 지침》 등이 있다.

무조건 팔리는 심리 마케팅 기술 100

1판 1쇄 발행 2023년 4월 26일
1판 9쇄 발행 2024년 9월 25일

지은이 | 사카이 도시오
발행인 | 김태웅
기획편집 | 이미순, 박지혜, 이슬기　　**디자인** | 지완
마케팅 총괄 | 김철영
마케팅 | 서재욱, 오승수
온라인 마케팅 | 하유진
인터넷 관리 | 김상규
제　작 | 현대순
총　무 | 윤선미, 안서현, 지이슬
관　리 | 김훈희, 이국희, 김승훈, 최국호

발행처 | ㈜동양북스
등　록 | 제2014-000055호
주　소 | 서울시 마포구 동교로22길 14 (04030)
구입 문의 | (02) 337-1737　　**팩스** (02) 334-6624
내용 문의 | (02) 337-1763　　**이메일** dymg98@naver.com

ISBN 979-11-5768-871-5 03320